Andrew Wommack

Dein neues Ich & der Heilige Geist

DEIN NEUES ICH & DER HEILIGE GEIST

Andrew Wommack

Grace today Verlag

Originally published in the USA by

Harrison House

The New You & The Holy Spirit

Die englischsprachige Originalausgabe erschien im Verlag *Harrison House Publishers* unter dem Titel *The New You & The Holy Spirit* © 2008, 2012 by Andrew Wommack Ministries. This translation of *The New You & The Holy Spirit* is published by arrangement with Harrison House.

Die Deutsche Nationalbibliothek verzeichnet diese Publikation in der Deutschen Nationalbibliografie; detaillierte bibliografische Daten sind im Internet über https://dnb.de abrufbar.

Hervorhebungen einzelner Wörter oder Passagen innerhalb von Bibelzitaten wurden vom Autor vorgenommen.

Umschlaggestaltung: Harrison House Publishers
Corporate Design: spoon design, Olaf Johannson
Lektorat: Gabriele Kohlmann
Satz: Thilo Niepel, Grace today Verlag
Druck: CPI Clausen & Bosse, Leck
Printed in Germany

5. Gesamtauflage 2024

Paperback: ISBN 978-3-95933-256-9, Bestellnummer 372256
E-Book: ISBN 978-3-95933-257-6, Bestellnummer 372257

www.gracetoday.de

INHALT

Dein neues Ich

Der Heilige Geist

Dein neues Ich

EINLEITUNG TEIL I

Jesus Christus als deinen Herrn und Retter anzunehmen, ist die wichtigste Entscheidung, die du jemals getroffen hast oder treffen wirst. Dieser Abschnitt wird dir dabei helfen, die Tragweite dieser Entscheidung zu verstehen und die nächsten Schritte zu gehen.

Willkommen in der Familie Gottes!

KAPITEL 1

Verstehe deine Errettung

Sobald du das Wort Gottes zum ersten Mal hörst, versucht Satan, es dir sofort zu stehlen (Mt 13,19). Das gelingt ihm jedoch nur, wenn du Gottes Wort nicht richtig verstehst. Deshalb müssen wir Klarheit darüber haben, was geschieht, wenn wir den Herrn als unseren Retter annehmen. Dieses Verständnis wird verhindern, dass Satan dir die vielen Segnungen, die dir mit deiner Errettung geschenkt wurden, wieder ausreden kann.

Gottes Wort verspricht:

> *Denn wenn du mit deinem Mund Jesus als den Herrn bekennst und in deinem Herzen glaubst, dass Gott ihn aus den Toten auferweckt hat, so wirst du gerettet. Denn mit dem Herzen glaubt man, um gerecht zu werden, und mit dem Mund bekennt man, um gerettet zu werden. — Römer 10,9–10*

> *… denn: »Jeder, der den Namen des Herrn anruft, wird gerettet werden.« — Römer 10,13*

Hast du das getan? Hast du mit deinem Mund Jesus als Herrn bekannt? Glaubst du in deinem Herzen, dass Gott ihn aus den Toten auferweckt hat? Gehörst du zu denen, die den Namen des Herrn angerufen haben? Wenn du diese Fragen mit Ja beantworten kannst, dann bist du errettet!

In dem Moment, als du dein Leben ernsthaft in die Hände Jesu übergeben hast, wurdest du gerettet. Die Wahrheit seines Wortes erfüllte sich in dem Augenblick, als du in deinem Herzen geglaubt und ihn mit deinem Mund bekannt hast. Herzlichen Glückwunsch!

Gott hält sein Wort

Du bist nun in guten Händen!

… und ich gebe ihnen ewiges Leben, und sie werden in Ewigkeit nicht verlorengehen, und niemand wird sie aus meiner Hand reißen. Mein Vater, der sie mir gegeben hat, ist größer als alle, und niemand kann sie aus der Hand meines Vaters reißen. — Johannes 10,28–29

Weil du ihm dein Leben anvertraut hast, wird er dich behüten.

Aus diesem Grund erleide ich dies auch; aber ich schäme mich nicht. Denn ich weiß, an wen ich glaube, und ich bin überzeugt, dass er mächtig ist, das mir anvertraute Gut zu bewahren bis zu jenem Tag. — 2. Timotheus 1,12

Gott ist treu, auch wenn du es nicht bist!

Glaubwürdig ist das Wort: Wenn wir mitgestorben sind,
so werden wir auch mitleben; wenn wir standhaft ausharren,
so werden wir mitherrschen; wenn wir verleugnen,
so wird er uns auch verleugnen; wenn wir untreu sind,
so bleibt er doch treu; er kann sich selbst nicht verleugnen.
— 2. Timotheus 2,11–13

Wenn du Fehler machst oder dich entmutigt fühlst, dann erinnere dich: Gott kann sich selbst nicht verleugnen. Er hält immer Wort!

Erkenntnis öffnet die Tür zur Erfahrung

Die Erkenntnis aus Gottes Wort hilft dir zu verstehen, was bei deiner Errettung geschehen ist – du bist eine ewige Beziehung mit der wunderbarsten Person des Universums eingegangen! Gott zu kennen und ihm zu folgen, wird dir unaussprechliche Freude bringen. Errettung bedeutet nicht bloß, nach dem Tod in den Himmel zu kommen. Gott möchte, dass du sofort in den Genuss aller Segnungen kommst, die deine Errettung mit sich bringt. Dazu brauchst du Erkenntnis aus seinem Wort. Sobald du dann dieser Erkenntnis entsprechend handelst, wirst du die Segnungen deiner Errettung auch erleben.

> *Da seine göttliche Kraft uns alles geschenkt hat, was zum Leben und [zum Wandel in] Gottesfurcht dient, durch die Erkenntnis dessen, der uns berufen hat durch [seine] Herrlichkeit und Tugend, durch welche er uns die überaus großen und kostbaren Verheißungen gegeben hat, damit ihr durch dieselben göttlicher Natur teilhaftig werdet, nachdem ihr dem Verderben entflohen seid, das durch die Begierde in der Welt herrscht. — 2. Petrus 1,3–4*

Die Erkenntnis Gottes gibt dir Zugang zu seinen Verheißungen. Wenn du an diese Verheißungen glaubst und danach handelst, wirst du dadurch Teilhaber seiner göttlichen Natur. Du erlebst Gottes Liebe, Freude, Frieden, Gesundheit, Freisetzung und

Wohlergehen – alles Geschenke Gottes, die durch Jesus Christus bereits in deinem Geist sind.

So wie sich dein Denken verändert und in Einklang mit deinem wiedergeborenen Geist kommt, wird sich auch dein ganzes Leben verändern. Vielleicht hast du zum Beispiel schon immer Montage gehasst. Dadurch, dass du geglaubt, ausgesprochen und erwartet hast, dass der Montag ein schlechter Tag ist, hast du ihn dem Teufel überlassen. Nur weil du wiedergeboren bist, haben sich deine negativen Denkmuster und Haltungen noch längst nicht alle automatisch verändert. Der Montag wird so lange derselbe bleiben, bis du dein Denken durch Gottes Wort erneuerst. In dem Maße, wie Gottes Wort die Art und Weise verändert, in der du glaubst, sprichst und Dinge erwartest, wirst du die Segnungen deiner Errettung erleben – sogar am Montag!

Erneuere deinen Sinn!

Durch dein Wachstum in der Erkenntnis Gottes und seiner Verheißungen, also seiner Versprechen und Zusagen, wird sich deine Sicht der Dinge in allen Bereichen ändern. Die Bibel nennt dies auch die »Erneuerung des Sinnes«.

> *Ich ermahne euch nun, ihr Brüder, angesichts der Barmherzigkeit Gottes, dass ihr eure Leiber darbringt als ein lebendiges, heiliges, Gott wohlgefälliges Opfer: das sei euer vernünftiger Gottesdienst! Und passt euch nicht diesem Weltlauf an, sondern lasst euch [in eurem Wesen] verwandeln durch die Erneuerung eures Sinnes, damit ihr prüfen könnt, was der gute und wohlgefällige und vollkommene Wille Gottes ist.* — Römer 12,1–2

Du musst deine Denkweise verändern, damit sie deinem wiedergeborenen Geist entspricht. Bei deiner Errettung wurde dein Geist vollkommen neu geschaffen. »*Darum: Ist jemand in Christus, so ist er eine neue Schöpfung; das Alte ist vergangen; siehe, es ist alles neu geworden*« (2Kor 5,17). Dein wiedergeborener Geist ist immer in Übereinstimmung mit Gott. Gottes Wort wird deine Gedanken mit dem in Einklang bringen, was in deinem Geist bereits Realität ist.

Gott will, dass du so denkst und handelst wie er! Wenn du dich seinem Wort unterordnest, es also zur höchsten Priorität in deinem Leben machst, verändert sich dein Leben wie das einer Raupe, die sich in einen wunderschönen Schmetterling verwandelt. Lass nicht zu, dass der Druck der Sorgen dieser Welt dich in eine Form presst, die nicht Gott entspricht. Genau das wird nämlich geschehen, wenn du dein Denken nicht erneuerst! Lass dich vielmehr durch die Erkenntnis Gottes verwandeln, dann wird dein Leben zunehmend den Herrn Jesus Christus widerspiegeln.

Dein Geist hat sich verändert

Viele Leute verstehen nicht, dass die radikale Veränderung, die bei ihrer Lebensübergabe an Christus geschah, geistlicher Natur ist. Einige Menschen nehmen Jesus zum Beispiel im Gefängnis an, weil sie verzweifelt nach einer Veränderung suchen. Doch am nächsten Tag finden sie sich in derselben Gefängniszelle, mit derselben Kleidung und den gleichen Mahlzeiten wieder. Sie selbst spüren keinerlei Veränderung und auch ihre Umstände haben sich ganz gewiss nicht verändert. Weil sie durch das Ausbleiben einer sofortigen sichtbaren Veränderung entmutigt sind, ziehen viele den falschen Schluss, dass in Wirklichkeit gar nichts geschehen ist. Aus diesem Grund gelangen viele nie dahin, ihren Sinn zu erneuern und die Segnungen ihrer Errettung zu genießen.

Anders als dein Geist wurden dein Körper und deine Seele (Verstand, Wille und Gefühle) bei deiner Errettung nicht verändert. Wenn du vor deiner Wiedergeburt übergewichtig warst, bist du es auch danach noch. Wenn du schlecht in Mathematik warst, wird sich das so lange nicht ändern, bis deine Lernfähigkeit zunimmt. Dein Verstand wird nicht von heute auf morgen verändert. Es ist dein Geist, der vollkommen neu geschaffen wurde.

Da du deinen Geist weder sehen noch berühren kannst, ist Gottes Wort die einzige verlässliche Quelle, um zu erkennen, was in deinem Inneren geschehen ist. *»Der Geist ist es, der lebendig macht, das Fleisch nützt gar nichts. Die Worte, die ich zu euch rede, sind Geist und sind Leben«* (Joh 6,63). Glaube bedeutet einfach, dem, was das Wort über die Veränderungen in deinem Geist sagt, mehr zu vertrauen als dem, was du im Natürlichen sehen kannst.

Vertraue der Wahrheit

Als ich als Achtjähriger den Herrn annahm, war alles, was ich erlebte, ein inneres »Wissen«. Die nagende Angst vor der Hölle war verschwunden, aber ansonsten spürte ich keine Veränderung. Kein Feuerwerk, keine Emotionen – ich musste dem Wort Gottes glauben, dass meine Errettung Wirklichkeit war. Durch die Erneuerung meines Sinnes wurde ich mehr und mehr Teilhaber seiner göttlichen Natur und genoss das Leben in seinen Verheißungen.

Gefühle ändern sich, doch die Wahrheit ändert sich nie! Wenn du dein Leben wirklich dem Herrn hingegeben hast, wird er diese Hingabe in jedem Fall ehren. Er wird dich nie verleugnen, verlassen oder aufgeben (Mt 10,32; Hebr 13,5). Deine Beziehung zu Gott ist gesichert. Ob du etwas gespürt hast oder nicht, in deinem Geist ist eine radikale Veränderung geschehen und du bist jetzt eine vollkommen neue Person. Vertraue darauf, dass Gottes Wort an dich wahr ist!

Durch die Erneuerung deines Sinnes wirst du deine Errettung tiefer erleben. Wenn du die Gedanken der Welt denkst (was dir deine fünf Sinne sagen; die Bibel spricht hier von unserem Fleisch) und dich von negativen Umständen beeinflussen lässt, wirst du Gottes Segnungen nie wirklich genießen können. Wenn du aber der Wahrheit des Wortes Gottes vertraust, indem du deine Gedanken auf den Herrn richtest und in Einklang mit deinem wiedergeborenen Geist denkst, wirst du Gottes Liebe, Frieden und Freude erfahren. Beginne schon heute mit der Erneuerung deines Sinnes! (Gal 5,22–23). Die Entscheidung liegt bei dir.

KAPITEL 2

Jesus ist Herr

Errettung ist Gottes Geschenk an dich, und du empfängst es durch den Glauben an Jesus Christus. »*Denn der Lohn der Sünde ist der Tod; aber die Gnadengabe Gottes ist das ewige Leben in Christus Jesus, unserem Herrn*« (Röm 6,23). Errettung kann nicht durch gute Werke verdient werden, da Gott uns ewiges Leben nicht aufgrund unserer Leistung verleiht. Durch seinen Tod, seine Grablegung und seine Auferstehung erfüllte Jesus Christus alles, was getan werden musste. Ewiges Leben erhältst du allein durch den Glauben an ihn.

Es gibt niemanden, der es aufgrund seiner guten Werke verdient, errettet zu werden. »*… denn alle haben gesündigt und verfehlen die Herrlichkeit, die sie vor Gott haben sollten*« (Röm 3,23). Gott macht sein Verhalten uns gegenüber nicht von dem Ausmaß unserer Sünden abhängig. Ob du den Himmel um einen Zentimeter oder einen Kilometer verfehlst, macht keinen Unterschied. Du bist in Gottes Augen entweder vollkommen gerecht oder überhaupt nicht. So einfach ist das. Egal, für wie gut sich jemand hält – es wird trotzdem nie reichen, um aus eigener Kraft in den Himmel zu kommen.

Der Herr sagte ausdrücklich, dass er nicht einfach *ein* Weg zum Vater ist, sondern dass er *der* Weg ist! »*Jesus spricht zu ihm: Ich bin der Weg und die Wahrheit und das Leben; niemand kommt zum Vater als nur durch mich*« (Joh 14,6). Apostelgeschichte 4,12 sagt: »*Und es ist in keinem anderen das Heil; denn es ist kein anderer*

Name unter dem Himmel den Menschen gegeben, in dem wir gerettet werden sollen.« Zu Gott dem Vater kommt man entweder durch den Glauben an seinen Sohn Jesus Christus oder überhaupt nicht!

Gott im Fleisch

> *Und als er auf den Weg hinausging, lief einer herzu, fiel vor ihm auf die Knie und fragte ihn: Guter Meister, was soll ich tun, um das ewige Leben zu erben? Jesus aber sprach zu ihm: Was nennst du mich gut? Niemand ist gut als Gott allein! Du kennst die Gebote: »Du sollst nicht ehebrechen! Du sollst nicht töten! Du sollst nicht stehlen! Du sollst nicht falsches Zeugnis reden! Du sollst nicht rauben! Du sollst deinen Vater und deine Mutter ehren!« Er aber antwortete und sprach zu ihm: Meister, das alles habe ich gehalten von meiner Jugend an.*
> *— Markus 10,17–20*

Ein reicher Jüngling fragte Jesus: »Was muss ich tun, damit ich ewiges Leben erbe?« Er wollte wissen, wie er sich seinen Weg in den Himmel verdienen könnte. Interessanterweise nannte der Jüngling Jesus zu Beginn »guter Meister«. Als der Herr ihm entgegnete, dass nur Gott allein gut sei, ließ er das »gut« fallen und nannte Jesus nur noch »Meister«, woran man erkennen kann, dass er Jesus nicht als Gott betrachtete.

Jesus Christus war Gott im Fleisch. Er war nicht einfach ein guter Mensch, der uns ein eindrückliches Beispiel von Demut und Liebe hinterlassen hat. Jesus Christus war buchstäblich menschgewordener Gott!

Und anerkannt groß ist das Geheimnis der Gottesfurcht: Gott ist geoffenbart worden im Fleisch, gerechtfertigt im Geist, gesehen von den Engeln, verkündigt unter den Heiden, geglaubt in der Welt, aufgenommen in die Herrlichkeit.
— 1. Timotheus 3,16

Entweder war Jesus ein Verführer, oder aber er ist die Person, als die er sich zu erkennen gab. Niemand, der behauptet, Gott zu sein, es aber in Wirklichkeit nicht ist, sollte jemals als »gut« angesehen werden. Doch dafür, dass Jesus Christus lebte, starb *und* auferstand, gibt es mehr verifizierbare historische Beweise als für die Existenz von Julius Cäsar!

Alle Sekten und Religionen der Welt erkennen zwar die Existenz Jesu an, nicht aber seine Göttlichkeit. Sie gestehen ihm zu, ein Prophet oder ein begnadeter, von Gott gesandter Lehrer zu sein, doch nicht Gott selbst. Der reiche Jüngling tat dasselbe, als er das Attribut »gut« wegließ und Jesus nur noch »Meister« nannte. Er konnte einfach nicht glauben, dass er Gott persönlich gegenüberstand!

Ohne Jesus als Sohn Gottes gibt es keinen Weg zum Vater. Alles dreht sich um seine Göttlichkeit. Der Herr selbst sagte: »*… damit alle den Sohn ehren, wie sie den Vater ehren. Wer den Sohn nicht ehrt, der ehrt den Vater nicht, der ihn gesandt hat*« (Joh 5,23). Wenn Jesus nicht Gott wäre, hätte sein Leben keinen größeren Wert gehabt als das irgendeines anderen Menschen, und er hätte die Welt nicht von aller Sünde befreien können. Da Jesus aber Gott war, der Mensch wurde, war sein Leben auf der Erde mehr wert als die gesamte Menschheit, und sein Opfer genügt in Ewigkeit für die Erlösung aller Menschen!

Der große Austausch

Das Christentum ist das einzige Glaubenssystem, das einen Erretter hat. Alle anderen Systeme gründen auf guten Werken, durch die ein Mensch verschiedene Stufen der »Heiligkeit« erreichen kann. Je heiliger jemand lebt, desto größer ist für ihn die Chance, von seinem »Gott« angenommen zu werden. Eine solche Person wird sozusagen zu ihrem eigenen Erretter, da diese Art von »Errettung« auf eigener Leistung basiert. Gott wusste, dass wir kein vollkommenes Leben führen können! Statt Perfektion von uns zu verlangen, kam er in diese Welt und nahm unsere Sünden am Kreuz auf sich (1Petr 2,24). Er ertrug die Strafe, die wir verdienten, und gab uns Errettung als Geschenk. Preis sei Gott für unseren Erretter!

Jesus trug unsere Sünde, damit wir vor Gott gerecht sein könnten! *»Denn er hat den, der von keiner Sünde wusste, für uns zur Sünde gemacht, damit wir in ihm [zur] Gerechtigkeit Gottes würden«* (2Kor 5,21). Gott verhängte die Strafe für die Sünde über Christus am Kreuz, damit nicht wir diese Strafe erleiden müssen. Als wir das geglaubt und den Herrn angenommen haben, verlieh Gott uns Jesu Gerechtigkeit. Das ist der große Austausch.

Als dieser Austausch stattfand, wurde unser Geist augenblicklich in der Gerechtigkeit Jesu Christi wiederhergestellt. Deshalb können wir nun mit Gott eine Beziehung von Geist zu Geist leben. *»Gott ist Geist, und die ihn anbeten, müssen ihn im Geist und in der Wahrheit anbeten«* (Joh 4,24). Sogar wenn wir sündigen, kann unser Geist nicht verunreinigt werden, da er durch das undurchdringliche Siegel des Geistes Christi bewahrt wird. *»In ihm seid auch ihr, nachdem ihr das Wort der Wahrheit, das Evangelium eurer Errettung, gehört habt – in ihm seid auch ihr, als ihr gläubig wurdet, versiegelt worden mit dem Heiligen Geist der Verheißung«* (Eph 1,13). Da die neue Natur unseres Geistes immer heilig ist, können wir uns Gott jederzeit und in jeder Situation nähern. Das ist eine wahrhaft gute Nachricht!

Von Glauben genährt

Das Leben eines Christen wird in Glauben geboren und durch Glauben aufrechterhalten. Wenn wir versuchen, unser Leben durch eigene Anstrengung und Werke zu leben, werden wir uns am Ende nur selbst verurteilen. Solange wir auf dieser Erde sind, werden wir immer wieder Fehler machen. Wenn wir nicht aufpassen, richten wir uns in dem Versuch, richtig zu leben, zugrunde und fragen uns, wie Gott solche Versager überhaupt lieben kann.

Unsere Fehler ändern nichts an Gottes Liebe zu uns. Wenn er schon für uns ans Kreuz gegangen ist, als wir noch Sünder waren, wie viel mehr genügt seine bedingungslose Liebe jetzt, da wir seine Kinder sind! »*Gott aber beweist seine Liebe zu uns dadurch, dass Christus für uns gestorben ist, als wir noch Sünder waren. Wie viel mehr nun werden wir, nachdem wir jetzt durch sein Blut gerechtfertigt worden sind, durch ihn vor dem Zorn errettet werden! Denn wenn wir mit Gott versöhnt worden sind durch den Tod seines Sohnes, als wir noch Feinde waren, wie viel mehr werden wir als Versöhnte gerettet werden durch sein Leben*« (Röm 5,8–10).

Als Christen können wir – selbst wenn wir sündigen – uns seiner Liebe immer sicher sein, was wir in unserem früheren verlorenen Zustand nicht konnten. Lass nie zu, dass deine Fehler dich von Gottes vollkommener Liebe trennen!

Der Zweck des Gesetzes

Gott gab das Gesetz, um den Menschen zu zeigen, dass sie sich nicht selbst retten können. Die Zehn Gebote sind in Wirklichkeit nur die Spitze des Eisbergs. Es gibt buchstäblich Tausende von Vorschriften, die dem Gesetz nach eingehalten werden müssen! In der Geschichte vom reichen Jüngling in Markus 10 benutzte Jesus mehrere dieser Gebote, um dem jungen Mann zu zeigen, dass er aus eigener Kraft nie heilig genug sein konnte, um ewiges Leben zu erhalten. Er erklärte ihm: *»Du kennst die Gebote: ›Du sollst nicht ehebrechen! Du sollst nicht töten! Du sollst nicht stehlen! Du sollst nicht falsches Zeugnis reden! Du sollst nicht rauben! Du sollst deinen Vater und deine Mutter ehren!‹«* (Mk 10,19). Dieser junge Mann dachte ernsthaft, er könne etwas tun, um sich ewiges Leben zu verdienen. Doch »etwas tun« und »im Glauben empfangen« sind zwei völlig gegensätzliche Dinge.

Mit dem Gesetz verhält es sich wie mit einer Fensterscheibe. Ob du sie mit einem Kieselstein oder einem Felsbrocken zerschlägst – zerbrochen ist sie in jedem Fall! *»Denn wer das ganze Gesetz hält, sich aber in einem verfehlt, der ist in allem schuldig geworden«* (Jak 2,10). Gott fordert uns nicht auf, unser Bestes zu geben, um dann in seiner Barmherzigkeit das Fehlende zu ergänzen. Entweder lebst du heilig und bekommst ewiges Leben aufgrund deiner Verdienste (was unmöglich ist) oder du empfängst durch Glauben ewiges Leben als Geschenk. Dieser irregeleitete junge Mann musste damit aufhören, sich abzumühen, und anfangen, zu vertrauen. In dem Bestreben, Jesus davon zu überzeugen, dass er ewiges Leben verdient habe, erklärte er ihm, dass er von Jugend an alle Gebote Gottes gehalten habe. Unmöglich! Die Haltung dieses jungen Mannes würde ihn geradewegs in die Hölle führen!

In seiner Liebe versuchte Jesus, ihn aus seiner Täuschung herauszuführen.

Da blickte ihn Jesus an und gewann ihn lieb und sprach zu ihm: Eines fehlt dir! Geh hin, verkaufe alles, was du hast, und gib es den Armen, so wirst du einen Schatz im Himmel haben; und komm, nimm das Kreuz auf dich und folge mir nach! Er aber wurde traurig über dieses Wort und ging betrübt davon; denn er hatte viele Güter. — Markus 10,21–22

Als der Herr ihn anwies, alle seine Güter zu verkaufen und den Erlös den Armen zu geben, berührte er den wahren »Gott« des jungen Mannes. Der reiche Jüngling war nicht bereit, sie aufzugeben und Jesus als seinen Herrn anzunehmen, weil er das erste Gebot – »*Du sollst keine anderen Götter neben mir haben!*« (2Mo 20,3) – nicht einhielt.

Gott hat nichts dagegen, wenn wir Geld besitzen, er will nur nicht, dass das Geld uns in Besitz nimmt! Unseren ganzen Besitz den Armen zu geben, ist keine Voraussetzung für Errettung. Als Zachäus, ein anderer reicher Mann, Jesus begegnete und Buße tat, verkündete er, dass er die Hälfte seines Besitzes den Armen geben werde (Lk 19,1–10). Zachäus tat dies nicht etwa, weil Jesus ihn dazu aufgefordert hätte, sondern weil sein Herz sich verändert hatte! Die Frage, auf die Jesus hier hinauswill, ist: Wer oder was ist dein Gott, auf den du dich verlässt?

Die Quintessenz

Wenn du glaubst, dass Jesus Christus lediglich ein guter Mensch war und du Gott auf vielen Wegen finden kannst, dann hast du ihn noch nicht wirklich zum Herrn deines Lebens gemacht. Jesus ist entweder Herr über alles oder er ist überhaupt nicht Herr! Du kannst Errettung, die nur durch Jesus kommt, nicht empfangen, wenn du nicht bereit bist, deine Knie zu beugen und ihn als Gott und höchsten Herrscher anzuerkennen. Entweder ist Jesus Christus dein Erlöser *und* Herr oder er ist es nicht. So einfach ist das.

KAPITEL 3

Vom Tod zum Leben

Jeder Mensch auf dieser Welt ist von Geburt an von Gott getrennt (Ps 51,7). Als Adam und Eva sündigten, bedeutete das ihren geistlichen Tod. Obwohl sie körperlich nicht sofort starben, war ihr Geist von Gott getrennt und wurde nun von Satan kontrolliert (1Mo 3). Seither wird jeder Mensch mit einer sündigen Natur geboren.

> *Darum, gleichwie durch einen Menschen die Sünde in die Welt gekommen ist und durch die Sünde der Tod, und so der Tod zu allen Menschen hingelangt ist, weil sie alle gesündigt haben. — Römer 5,12*

Sünde wird uns jedoch nicht angerechnet, bis wir das Alter der Verantwortlichkeit erreicht haben. Gott macht uns erst dann für unsere Sünden verantwortlich, wenn wir alt genug sind, um seine Gebote willentlich zu verletzen (Röm 7,9). Dieses Alter variiert von Mensch zu Mensch, doch sobald du es erreicht hast, musst du so schnell wie möglich wiedergeboren werden, um Errettung zu empfangen.

Wir betreten diese Welt durch unsere natürliche Geburt, doch um in Gottes Reich hineinzukommen, bedarf es einer geistlichen Geburt.

> *Jesus antwortete und sprach zu ihm: Wahrlich, wahrlich, ich sage dir: Wenn jemand nicht von Neuem geboren wird,*

so kann er das Reich Gottes nicht sehen! Nikodemus spricht zu ihm: Wie kann ein Mensch geboren werden, wenn er alt ist? Er kann doch nicht zum zweiten Mal in den Schoß seiner Mutter eingehen und geboren werden? Jesus antwortete: Wahrlich, wahrlich, ich sage dir: Wenn jemand nicht aus Wasser und Geist geboren wird, so kann er nicht in das Reich Gottes eingehen! — Johannes 3,3–5

Wenn du von Neuem geboren wirst – die Bibel nennt das in 1. Petrus 1,23 auch wiedergeboren –, trittst du vom Tod zum Leben über. »*Wahrlich, wahrlich, ich sage euch: Wer mein Wort hört und dem glaubt, der mich gesandt hat, der hat ewiges Leben und kommt nicht ins Gericht, sondern er ist vom Tod zum Leben hindurchgedrungen*« (Joh 5,24). Bei deiner Errettung stirbt die sündige Natur, mit der du geboren wurdest, und wird durch eine vollkommen neue, gerechte Natur ersetzt. Du bist nun kein Sünder mehr, sondern gerecht in Christus!

Nie wieder!

Gottes Wertmaßstab für Gutheit ist seine eigene Herrlichkeit. Vielleicht stehst du im Vergleich zu anderen Sündern gut da, doch im Vergleich zu Jesus ist niemand heilig! Römer 3,23 sagt: »*Denn alle haben gesündigt und verfehlen die Herrlichkeit, die sie vor Gott haben sollten.*« Wer will schon der beste Sünder sein, der je in die Hölle kam? Wir alle brauchen einen Retter. Gott erklärte jeden Menschen zum Sünder, doch in seiner Liebe zu uns schuf er in Jesus Christus einen Weg, uns zu erlösen. Deshalb kann er nun jeden für gerecht erklären, der Jesus durch Glauben annimmt.

Egal, wie schlecht du vorher warst – in dem Moment, als du Christus annahmst, wurdest du gerecht gemacht.

Wiedergeborene Christen wissen, dass sie ihre Errettung nicht aufgrund eigener Leistung verdienen. Sie empfangen Errettung, weil sie ihren Glauben in Jesus Christus und sein vollendetes Erlösungswerk am Kreuz setzen. Menschen aller anderen Religionen versuchen, sich Gott aufgrund ihrer persönlichen Heiligkeit zu nähern – dadurch, dass *sie* etwas für *ihn* tun. Christen hingegen kommen mit der tiefen Herzensgewissheit zu Gott, dass *er* alles für *sie* getan hat.

In dem Moment, als du den Herrn angenommen hast, wurden dir alle deine Sünden vergeben – vergangene, gegenwärtige und zukünftige. Du bist nun für immer erlöst und im Besitz einer ewigen Erbschaft (Hebr 9–10). In deinem Geist wurdest du aus Gottes Sicht für immer heilig gemacht und vollendet. »*… zu der Festversammlung und zu der Gemeinde der Erstgeborenen, die im Himmel angeschrieben sind, und zu Gott, dem Richter über alle, und zu den Geistern der vollendeten Gerechten*« (Hebr 12,23). Sünde wird dir nie wieder angerechnet, nie wieder zur Last gelegt werden!

Wähle das Leben!

Obwohl dir alle deine Sünden für immer vergeben sind, ist es trotzdem wichtig, wie du lebst! Du hast einen Feind, dessen einziges Ziel es ist, dich zu zerstören. »*Der Dieb kommt nur, um zu stehlen, zu töten und zu verderben; ich bin gekommen, damit sie das Leben haben und es im Überfluss haben*« (Joh 10,10). Die Entscheidungen, die du triffst, bestimmen für dich über Leben und Tod. »*Wisst ihr nicht: Wem ihr euch als Sklaven hingebt, um ihm zu gehorchen, dessen Sklaven seid ihr und müsst ihm gehorchen, es sei der Sünde zum*

Tode, oder dem Gehorsam zur Gerechtigkeit?« (Röm 6,16). Wenn du der Sünde nachgibst, ergibst du dich dem Teufel, dessen erklärte Absicht es ist, dich zu berauben, zu zerstören und zu töten. Sünde verschafft dem Teufel einen festen Stand in deinem Leben, und das wird er in jeder Hinsicht ausnutzen.

Wenn du gesündigt hast, kehre einfach um! Gott wird dich niemals verlassen noch aufgeben. Er hat dir bereits vergeben – fall also nicht auf die Lüge herein, dass er dich nicht mehr liebe oder dass du deine Errettung verlieren könnest. Gott der Vater hat bereits Jesus einmal verworfen und verurteilt, damit du niemals verworfen und verurteilt werden müsstest. Verändere dein Denken und wende dich von der Sünde ab. Erkläre: »Satan, ich weise dich zurück! Das Blut Jesu hat mich frei gemacht! Obwohl ich Unrecht getan habe, kannst du mich nicht ins Verderben stürzen, denn Gott liebt mich und ich entscheide mich, ihm nachzufolgen!« So kannst du Satan daran hindern, Zugang zu deinem Leben zu erhalten.

Lass dich vom Teufel nicht dadurch übervorteilen, dass du Gottes Anweisungen für dein Leben ignorierst. Erneuere dein Denken und Wollen durch sein Wort und handle im Glauben danach. Das Leben im Überfluss, das Jesus zur Verfügung gestellt hat, gehört dir, damit du es genießt!

Für weitere Studien empfehle ich mein Buch »Geist, Seele & Körper«.

EINLEITUNG TEIL II

Lerne Gott und seine Liebe kennen

Du bist nun wiedergeboren. Wie geht es weiter?

Gott möchte in deinem Leben neue Strukturen entstehen lassen. Wenn du gemeinsam mit ihm die folgenden »ersten Schritte« gehst, wirst du dadurch ein solides Fundament für eine wachsende Beziehung zu ihm legen.

Ob du diese Dinge tust oder nicht, ändert nichts an Gottes Liebe zu dir, aber sie werden garantiert deine Liebe zu ihm beeinflussen! Gott hat dir das Geschenk eines vollkommen neuen Lebens voll ungeahnter Möglichkeiten gegeben, die nur darauf warten, von dir genutzt zu werden. Gib dich nicht mit weniger als deiner göttlichen Bestimmung zufrieden!

Verliebe dich von ganzem Herzen in Gott – er ist es wert!

KAPITEL 4

Lass dich taufen

Jeder wiedergeborene Christ sollte in Wasser getauft werden. Nicht, um gerettet zu werden, sondern weil er gerettet ist! »*Oder wisst ihr nicht, dass wir alle, die wir in Christus Jesus hinein getauft sind, in seinen Tod getauft sind? Wir sind also mit ihm begraben worden durch die Taufe in den Tod, damit, gleichwie Christus durch die Herrlichkeit des Vaters aus den Toten auferweckt worden ist, so auch wir in einem neuen Leben wandeln*« (Röm 6,3–4). Indem wir uns taufen lassen, gehorchen wir Gottes Wort und demonstrieren symbolisch unsere Zugehörigkeit zum Leib Christi.

Mit deiner Wiedergeburt wurdest du sofort in die weltweite Gemeinde Christi hineinversetzt. Durch den Glauben an Jesus Christus wurdest du Teil seines für immer bestehenden Leibes. »*Ein Leib und ein Geist, wie ihr auch berufen seid zu einer Hoffnung eurer Berufung; ein Herr, ein Glaube, eine Taufe; ein Gott und Vater aller, über allen und durch alle und in euch allen*« (Eph 4,4–6). Du und alle anderen Menschen, die je an den Herrn Jesus Christus geglaubt haben, wurden zu einer geistlichen Einheit. Ob sie in deine Gemeinde gehen oder nicht, ob sie genau dieselben Lehrmeinungen vertreten wie du oder nicht – im Leib Christi bist du mit all den anderen Gläubigen vereint!

Gottes Wort weist uns an, uns in Wasser taufen zu lassen.

Und er sprach zu ihnen: Geht hin in alle Welt und verkündigt das Evangelium der ganzen Schöpfung! Wer glaubt und getauft wird, der wird gerettet werden; wer aber nicht glaubt, der wird verdammt werden. — Markus 16,15–16

So geht nun hin und macht zu Jüngern alle Völker, und tauft sie auf den Namen des Vaters und des Sohnes und des Heiligen Geistes. — Matthäus 28,19

Viele Beispiele aus der Apostelgeschichte zeigen uns, wie die Gemeinde des ersten Jahrhunderts das Evangelium verbreitete und das Gebot der Taufe befolgte. Am Pfingsttag wurden alle, die gerettet wurden, in Wasser getauft (Apg 2,41). Philippus taufte sowohl den äthiopischen Kämmerer als auch die neuen Gläubigen in Samaria in Wasser (Apg 8). Demnach ist die Taufe neuer Gläubiger durch Eintauchen in das Wasser das biblische Vorbild, dem wir heute folgen.

Es genügt nicht, als Kleinkind im Rahmen einer religiösen Feier »getauft« worden zu sein, indem man mit Wasser beträufelt wurde. Hinzu kommt, dass die Taufe eines Menschen, der sein Leben Jesus noch nicht aus eigener Überzeugung hingegeben hat (also ein Säugling oder ein Kleinkind), nicht schriftgemäß ist. Die Bibel bringt ganz klar zum Ausdruck, dass der Glaube an Jesus Voraussetzung für die Taufe ist (Apg 8,36–37). Du musst *zuerst* glauben und *dann* in Wasser getauft werden.

Ein Zeichen der Errettung

Die Taufe ist zwar ein wichtiger erster Schritt im Leben eines Christen, aber zur Errettung nicht erforderlich. Diejenigen, die lehren, dass die Wassertaufe notwendig sei, um Errettung zu erlangen, stützen sich auf eine Fehlinterpretation von Apostelgeschichte 2,38, wo es heißt: »*Da sprach Petrus zu ihnen: Tut Buße, und jeder von euch lasse sich taufen auf den Namen Jesu Christi zur Vergebung der Sünden; so werdet ihr die Gabe des Heiligen Geistes empfangen.*« Manche benutzen diese Schriftstelle als »Beweis« dafür, dass man umkehren *und* sich taufen lassen muss, um Vergebung der Sünden zu empfangen. Der Schlüssel zum Verständnis dieser Stelle liegt jedoch in der Formulierung »zur Vergebung«: Das kann bedeuten »damit Vergebung empfangen wird«, aber auch »als Ergebnis, aufgrund und anlässlich der Vergebung«! Dieser Vers fordert uns dazu auf, Buße zu tun, was bedeutet, unser Vertrauen in den Herrn zu setzen, und dann unseren Glauben an ihn durch die Wassertaufe unter Beweis zu stellen – nämlich als Ergebnis, Folge und Konsequenz unserer Wiedergeburt. Dieselben Menschen, die glauben, dass die Taufe zur Errettung erforderlich ist, lehren auch, dass wir in einem System religiöser Werke leben müssen, um uns unsere Errettung durch persönliche Heiligkeit zu verdienen. Diese Botschaft ist das genaue Gegenteil der guten Botschaft des Evangeliums.

Die Wassertaufe ist ein *Zeichen* der Errettung. In Apostelgeschichte 10 trug Gott Kornelius durch einen Engel auf, den Apostel Petrus aus Joppe kommen zu lassen. Als Petrus in Cäsarea vor Kornelius' gesamtem Haushalt predigte, empfingen alle die Taufe im Heiligen Geist, redeten in anderen Sprachen und weissagten. Aufgrund dieser Ereignisse fragte Petrus: »*Kann auch jemand diesen das Wasser verwehren, dass sie nicht getauft werden sollten, die den Heiligen Geist empfangen haben gleichwie wir?*« (Apg 10,47). Kornelius und sein ganzer Haushalt wurden also wiedergeboren, empfingen zur gleichen Zeit den Heiligen Geist und wurden dann in Wasser getauft (Verse 44–48). Die Wassertaufe symbolisierte die Errettung, die sie bereits empfangen hatten.

Die Taufe im Heiligen Geist

Nach der Wiedergeburt und der Taufe in Wasser ist der nächste Schritt die Taufe im Heiligen Geist, um die Kraft des Heiligen Geistes zu empfangen. »*Und siehe, ich sende auf euch die Verheißung meines Vaters; ihr aber bleibt in der Stadt Jerusalem, bis ihr angetan werdet mit Kraft aus der Höhe!*« (Lk 24,49). Gott hat für uns nicht vorgesehen, allein auf uns gestellt für ihn zu leben. Er will mit der übernatürlichen Kraft des Heiligen Geistes durch uns leben!

Jesus wurde im Heiligen Geist getauft.

Es geschah aber, als alles Volk sich taufen ließ und auch Jesus getauft wurde und betete, da tat sich der Himmel auf, und der Heilige Geist stieg in leiblicher Gestalt wie eine Taube auf ihn herab, und eine Stimme ertönte aus dem Himmel, die sprach: Du bist mein geliebter Sohn; an dir habe ich Wohlgefallen! — Lukas 3,21–22

Der Geist des Herrn ist auf mir, weil er mich gesalbt hat, den Armen frohe Botschaft zu verkünden; er hat mich gesandt, zu heilen, die zerbrochenen Herzens sind, Gefangenen Befreiung zu verkünden und den Blinden, dass sie wieder sehend werden, Zerschlagene in Freiheit zu setzen, um zu verkündigen das angenehme Jahr des Herrn. — Lukas 4,18–19

Wenn selbst der Sohn Gottes den Heiligen Geist nötig hatte, um wie viel mehr dann wir?

Das Geschenk des Heiligen Geistes wird allen gegeben, die im Glauben bitten.

Denn jeder, der bittet, empfängt; und wer sucht, der findet; und wer anklopft, dem wird aufgetan. Welcher Vater unter euch wird seinem Sohn einen Stein geben, wenn er ihn um Brot bittet? Oder wenn [er ihn] um einen Fisch [bittet], gibt er ihm statt des Fisches eine Schlange? Oder auch wenn er um ein Ei bittet, wird er ihm einen Skorpion geben? Wenn nun ihr, die ihr böse seid, euren Kindern gute Gaben zu geben versteht, wie viel mehr wird der Vater im Himmel [den] Heiligen Geist denen geben, die ihn bitten! — Lukas 11,10–13

Dein himmlischer Vater versteht es, dir gute Gaben zu geben. Bitte ihn im Glauben und auch du wirst die Taufe im Heiligen Geist empfangen!

Sowohl die Taufe im Heiligen Geist als auch die Taufe in Wasser sind klare biblische Anweisungen. Sobald du wiedergeboren bist, wird der Herr dich zu diesen zwei Schritten des Glaubens und Gehorsams hinführen. Beide Taufen setzen gewaltige Segnungen in deinem geistlichen Leben frei!

Mehr dazu erfährst du in Kapitel 9 – »Im Heiligen Geist getauft«.

KAPITEL 5

Bau dir ein festes Fundament

Die Bibel ist Gottes Wort, durch das er dir Weisheit und Führung gibt. »… *und seid als neugeborene Kindlein begierig nach der unverfälschten Milch des Wortes, damit ihr durch sie heranwachst, …*« (1Petr 2,2). Wie ein Säugling an der Brust der Mutter, so wird ein junger Christ durch die geistliche Milch des Wortes Gottes genährt. Tägliche Nahrung durch sein Wort lässt dich schnell und gesund wachsen!

Gott selbst ist die Quelle seines Wortes. »*Alle Schrift ist von Gott eingegeben …*« (2Tim 3,16). Die Bibel ist voll von dem echten Leben Gottes, und wenn du sie liest, wird sie in deinem Inneren lebendig. Durch sein Wort lernst du diesen wundervollen, liebenden Gott kennen, der dich gerettet hat! Du wirst in der Gnade und Erkenntnis Jesu Christi wachsen, »*zu jedem guten Werk völlig ausgerüstet*« (2Tim 3,17b).

Gott spricht durch die Bibel direkt zu dir. »*Denn das Wort Gottes ist lebendig und wirksam und schärfer als jedes zweischneidige Schwert, und es dringt durch, bis es scheidet sowohl Seele als auch Geist, sowohl Mark als auch Bein, und es ist ein Richter der Gedanken und Gesinnungen des Herzens*« (Hebr 4,12). Lies die Bibel nicht nur mit deinem Verstand, sondern öffne auch dein Herz und erwarte, von Gott zu empfangen!

Wähle eine einfach verständliche Übersetzung der Bibel. Gott will nicht, dass ein bestimmter Sprachstil dich davon abhält, ihn kennenzulernen. Wähle eine Bibel, die dir entspricht, lies sie, studiere sie und denke über das, was du gelesen hast, nach. Jede Übersetzung ist besser, als gar nicht in der Bibel zu lesen! Der Heilige Geist kann dich später immer noch zu anderen Übersetzungen führen – doch gerade jetzt ist das Allerwichtigste, dass in deinem Herzen ein solides Fundament aus Gottes Wort gelegt wird.

Gottes Wort - die höchste Autorität

Ein grundlegendes Verständnis der Bibel ist sehr hilfreich. Ich persönlich habe zwar nie eine Bibelschule absolviert und auch kein theologisches Seminar besucht, doch gab es eine Zeit in meinem Leben, in der ich 16 Stunden am Tag die Bibel studierte, und das veränderte mein Leben für immer! Einige Dinge lernte ich sofort, für andere brauchte ich viele Jahre. Doch niemand wird überhaupt jemals die Tiefen von Gottes Wort bis zum Grund ausschöpfen können. Alles, was wir zum Leben und zur Gottseligkeit brauchen, kann im Wort Gottes gefunden werden!

Ich wünschte, jemand hätte mir nach meiner Bekehrung den Unterschied zwischen dem alten Bund (Das erste Buch Mose bis Maleachi) und dem neuen Bund (Matthäus bis Offenbarung) erklärt. Denn ich brauchte sehr lange, um herauszufinden, dass Gott heute völlig anders mit den Menschen umgeht als zu den Zeiten des Alten Testaments. Die meisten Christen sehen die Bibel als eine in sich geschlossene Einheit an und denken, sie sage von Anfang bis Ende dasselbe aus. Sie können nicht verstehen, warum derselbe Gott im Alten Testament mit Zorn und Gericht vorgeht, während er im Neuen Testament den Menschen Gnade und Liebe erweist. Sie erkennen nicht, wie sich zwischen Gott und den Menschen alles verändert hat, seitdem Jesus Christus auf die Erde gekommen ist. Du und ich leben im neuen Bund in Christus Jesus!

Wenn du dich von reifen Christen anleiten lässt, kannst du dir viel Zeit und manch schmerzhaften Fehler ersparen. Prüfe aber immer, ob alles mit dem Wort Gottes übereinstimmt! Sei vorsichtig, nimm nur das an, was richtig ist, denn Menschen können dich auch in die falsche Richtung leiten. Aus diesem Grund ist es auch so wichtig, alles, was andere Menschen uns sagen, mit der Bibel zu vergleichen und nur das anzunehmen, was mit dem Wort Gottes übereinstimmt. Gottes Wort muss die höchste Autorität in unserem Leben sein!

Gottes Wort hat enorme Kraft! Die Bibel ist nicht lediglich ein von Menschen geschriebenes Buch über Gott. Manche Menschen bringen Fragen über die Bibel auf und weisen auf vermeintliche Ungereimtheiten hin. Viele gute Bücher, sogenannte »Apologetiken« (Verteidigungsschriften des christlichen Glaubens), geben Antwort auf diese Fragen und bestätigen die Autorität der Bibel. Die Bibel ist ein Buch von Gott an dich persönlich, geschrieben durch die Hand von Menschen. Alle Bücher der Bibel sind übernatürlich inspiriert und blieben über die Jahrhunderte hinweg vor Fehlern bewahrt und geschützt. Es liegt nun an dir, Gottes Wort, so wie es geschrieben wurde, auszulegen und zu glauben. Wenn du das tust, wird Gott selbst Gemeinschaft mit dir pflegen – eine gewaltige Erfahrung!

Mein Buch »A Sure Foundation« wird dir helfen zu verstehen, wie wichtig Gottes Wort in deinem Leben ist.

KAPITEL 6

Werde Teil einer Ortsgemeinde

Jeder Schritt, den ich bisher erwähnt habe – Wassertaufe, Taufe im Heiligen Geist, Aufbau eines festen Fundaments in Gottes Wort – wird viel einfacher, wenn du dich einer guten Gemeinde vor Ort anschließt.

Der Herr hat die Gemeinde geschaffen. Sie ist einfach ein Zusammenschluss von Menschen, die zu ihm gehören und die sich regelmäßig mit der Absicht treffen, einander zu lieben, füreinander zu beten und einander aufzubauen. Zwar funktioniert das nicht immer so, wie es sollte, dennoch ist die Gemeinde nach wie vor die wunderbarste Institution auf dieser Erde!

Viele Menschen lieben den Herrn, nicht aber sein Volk. Das liegt daran, dass viele Christen Gott nicht so widerspiegeln, wie sie es sollten. Sie verletzen andere durch ihr liebloses Verhalten und ihre Heuchelei. Jesus erlebte das Gleiche – Ungläubige hießen ihn willkommen, während religiöse Menschen ihn verfolgten. Aus diesem Grund möchtest du vielleicht zwar dein Leben Christus übergeben und eine Beziehung zu ihm genießen, willst mit einer Gemeinde aber nichts zu tun haben. Obwohl ich dieses Gefühl verstehen kann, ist diese Haltung auf Dauer jedoch falsch. Das ist wie mit dem Reparieren eines undichten Bootes – man macht das besser vom Boot aus und nicht im Wasser, wo man untergehen kann!

Kohlen bleiben nur im Feuer heiß

Wenn du Teil einer guten Gemeinde bist, wirst du geistlich wachsen. Als Christ gleichst du einem heißen Kohlebrikett in einem glühenden Feuer. Solange du mit anderen Christen in einer Ortsgemeinde involviert bist, wirst du glühend heiß bleiben. Trennst und isolierst du dich jedoch von den anderen »Briketts«, dann dauert es nicht lange und du erkaltest. Bleib deshalb im Feuer! Es gibt leider viele schlechte Gemeinden, umso mehr lohnt sich der Aufwand, die guten zu suchen und zu finden. Jeder Christ sollte Teil einer Ortsgemeinde sein!

Von anderen Christen, die Gottes Wort gefolgt sind und schon einiges erlebt haben, kannst du vieles lernen. Es ist zwar wichtig, nicht einfach jedem zu glauben – aber Gott wird dir in deinem Leben geistliche Leiter zur Seite stellen, damit sie dir helfen zu wachsen. *»Und er hat etliche als Apostel gegeben, etliche als Propheten, etliche als Evangelisten, etliche als Hirten und Lehrer, zur Zurüstung der Heiligen, für das Werk des Dienstes, für die Erbauung des Leibes des Christus«* (Eph 4,11–12). Viele, die neu im Glauben sind, wollen Menschen umgehen und alles direkt von Gott empfangen. Doch der Herr zieht es vor, durch reife Christen zu wirken, um die im Glauben noch Unerfahrenen aufzubauen und zu stärken.

Gott gebraucht Apostel, Propheten, Evangelisten, Pastoren und Lehrer, um die Gläubigen für das Werk des Dienstes auszurüsten und zur Reife zu führen. Er hat dem Leib Christi diese Menschen gegeben, damit er durch sie aufgebaut wird, *»bis wir alle zur Einheit des Glaubens und der Erkenntnis des Sohnes Gottes gelangen, zur vollkommenen Mannesreife, zum Maß der vollen Größe des Christus«* (Eph 4,13). Da der Leib Christi, also die Gemeinde, noch nicht in vollem Maß dorthin gelangt ist, gebraucht Gott auch heute noch diese fünf unterschiedlichen Dienstgaben, um seine Ziele zu erreichen. Es ist wichtig, dass du dich diesem System Gottes unterordnest.

Du verweigerst Gott den Gehorsam, wenn du dich von anderen Christen fernhältst. Gott wird dich immer noch lieben und du wirst auch nicht deine Errettung verlieren, aber wenn dir Verletzungen und schwierige Situationen widerfahren, wirst du ein kaltes, isoliertes Kohlebrikett sein. Anstatt in ein starkes Netzwerk von anderen Gläubigen eingebunden zu sein, die dich lieben, die deine Situation kennen und dich unterstützen, wirst du auf dich allein gestellt dort draußen umhertreiben. Du musst auf jeden Fall einer guten Gemeinde angehören!

Beziehung zu seinem Volk

Dein geistliches Wachstum wird maßgeblich davon beeinflusst, welche Botschaften du hörst, während du noch neu im Herrn bist. Als neuer Gläubiger bist du wie eine kleine Pflanze, die in einem geschützten Umfeld aufwachsen muss, bis ihre Wurzeln tief genug gewachsen sind. Als ich jung im Glauben war, verließ ich jede Veranstaltung, sobald etwas gepredigt wurde, das dem Wort Gottes widersprach. Heute muss ich das nicht mehr tun, denn ich weiß, dass diese Dinge nicht mehr die gleiche schädliche Wirkung auf mich haben, wie es damals der Fall gewesen wäre. Trotzdem setze ich mich nicht laufend falscher Lehre aus, weil das einfach nicht weise wäre. Denn wenn du etwas lange genug hörst, wirst du anfangen, es zu glauben. Da sich dein geistliches Wurzelsystem gerade erst entwickelt, ist es von größter Wichtigkeit, dass du jetzt Lehre hörst, die Gottes Wahrheit entspricht.

Obwohl das, was du als neuer Christ hörst, wichtig ist, wird eine Gemeinde dich mit mehr als bloßer Lehre versorgen. Deine

Zugehörigkeit zu einer Ortsgemeinde kann dir Gemeinschaft und Beziehung mit anderen Christen bieten. Zwar können dich Medien-Lehrdienste wie meiner durch CDs, Bücher, Internetseiten, Radio oder Fernsehen mit Gottes Wort ernähren, aber nichts hilft besser, dem Wort in deinem Leben Gestalt zu geben, als die regelmäßige Beziehung zu anderen Gläubigen, die voller Feuer für den Herrn sind!

Christsein bedeutet Beziehung zu Gott und seinem Volk. Bevor Paulus (damals noch Saulus genannt) sich bekehrte, hasste er die Christen. Als er auf dem Weg nach Damaskus war, mit dem Ziel, dort weitere Christen zu töten, erschien ihm der Herr in einem strahlenden Licht vom Himmel (Apg 9,1–5) und fragte ihn: »Warum verfolgst du mich?« Beachte, dass Jesus nicht fragte: »Warum verfolgst du meine Jünger?« Der Grund dafür ist, dass der Herr mit jedem Einzelnen, der sein Vertrauen auf ihn setzt, eins wird. Wer dich anrührt, rührt Gottes Augapfel an. Gott liebt dich genauso, wie er jeden anderen Christen liebt!

Gott demonstriert seine Liebe durch sein Volk.

> *Daran wird jedermann erkennen, dass ihr meine Jünger seid, wenn ihr Liebe untereinander habt. — Johannes 13,35*

> *Wenn jemand sagt: »Ich liebe Gott«, und hasst doch seinen Bruder, so ist er ein Lügner; denn wer seinen Bruder nicht liebt, den er sieht, wie kann der Gott lieben, den er nicht sieht? — 1. Johannes 4,20*

Niemand, der es ablehnt, sich auf andere Christen einzulassen, kann sagen, dass er wirklich eine Beziehung zu Gott hat.

Setze Gottes Wort in die Tat um

Eine Ortsgemeinde wird dir die Möglichkeiten geben, die Lehren Christi in die Tat umzusetzen. Es ist *eine Sache*, in der Bibel zu lesen, wir sollen andere behandeln, wie wir auch von ihnen behandelt werden wollen (Mt 7,12), und *eine ganz andere*, diese Worte auch tatsächlich zu leben. Dein Reifeprozess wird sich verlangsamen, wenn du Wochen und Monate lang nichts anderes tust, als dich mit deiner Bibel irgendwo einzuschließen. Gewisse Dinge lernst du erst im Umgang mit anderen Menschen. Aus Gottes Perspektive verstehst du erst dann wirklich etwas aus seinem Wort, wenn du es in die Praxis umgesetzt hast!

Die Leiter deiner Ortsgemeinde können dir und deiner Familie in vielen praktischen Bereichen helfen, was ein Lehrdienst, dessen CDs du hörst, nicht kann. Ich kann dich zwar Gottes Wort in Bezug auf Heilung lehren, doch bin ich nicht verfügbar, wenn du »die Ältesten der Gemeinde zu dir rufen« musst, damit sie zu dir nach Hause kommen und den Kranken mit Öl salben (Jak 5,14). Doch die Leiter deiner Ortsgemeinde können das und noch so viel mehr. Sie können Trauungen vollziehen, Beerdigungen durchführen, deinen Kindern dienen, dir Rat aus Gottes Wort geben, für spezifische Situationen beten und dir persönliche Vorbilder sein, mit denen du regelmäßigen Kontakt hast. Deine ganze Familie wird von deiner Zugehörigkeit zu einer Ortsgemeinde profitieren.

Dort wirst du auch gleichgesinnte Gläubige treffen, zu denen du enge Freundschaften aufbauen kannst. Die zwei stärksten Einflüsse in deinem Leben sind das, was du hörst oder liest, und mit wem du deine Zeit verbringst. Von heute an sollten deine engsten Freunde Christen sein (2Kor 6,14–18), was aber nicht bedeutet, dass du Menschen, die nicht glauben, ablehnst. Wenn du in einer Beziehung zu einem Ungläubigen bleibst, die ein »ungleiches Joch« bildet, wie die

Bibel es nennt, wird diese Person dich früher oder später negativ beeinflussen. *»Der Umgang mit den Weisen macht weise, wer sich aber mit Narren einlässt, dem geht es schlecht«* (Spr 13,20). Du wirst immer auf derselben Ebene sein, auf der auch deine engsten Freunde sind!

Regelmäßige Beziehungen zu anderen Christen schützen und fördern deine geistliche Gesundheit.

> *Lasst uns festhalten am Bekenntnis der Hoffnung, ohne zu wanken – denn er ist treu, der die Verheißung gegeben hat –, und lasst uns aufeinander achtgeben, damit wir uns gegenseitig anspornen zur Liebe und zu guten Werken, indem wir unsere eigene Versammlung nicht verlassen, wie es einige zu tun pflegen, sondern einander ermahnen, und das umso mehr, als ihr den Tag herannahen seht! — Hebräer 10,23–25*

Schließe dich einer guten Gemeinde an!

Finde eine gute Gemeinde

Lass dich nicht durch nebensächliche Glaubensfragen davon abhalten, in einer guten Gemeinde heimisch zu werden. Wenn Unterschiede in Lehrmeinungen lediglich äußerlicher Natur sind und keine grundlegenden Wahrheiten betreffen, rate ich dir, Teil der Gemeinde zu bleiben. Selbst wenn die Lehre über Glauben in einer Gemeinde keine so große Rolle spielt, ist es aufgrund aller anderen Vorteile auf jeden Fall besser, irgendeiner Ortsgemeinde anzugehören als gar keiner. Wenn du jedoch in einer Gegend wohnst, in der du zwischen verschiedenen Gemeinden wählen kannst, entscheide dich immer für eine Gemeinde, die den ganzen Ratschluss Gottes predigt!

Eine gute Gemeinde lehrt alles, was Gott uns in seinem Wort zuspricht – Errettung, Taufe im Heiligen Geist, die Gaben des Geistes, Heilung, Freisetzung und ganzheitlichen Wohlstand. Die Glaubensgemeinschaft, in der ich aufgewachsen bin, konzentrierte sich in ihrer gesamten Lehre lediglich auf die Vergebung der Sünden. Viele Menschen, wie auch ich, wurden errettet, aber niemand dort glaubte, dass Gottes übernatürliche Kraft noch heute eine Realität ist. Als mein Vater (einer der Leiter in dieser Gemeinde) ernstlich krank wurde, wussten meine Familie und ich nicht, wie wir vom Herrn Heilung empfangen konnten. Niemand in unserer Gemeinde hatte den nötigen Glauben für diese Situation, weil wir nie aus dem Wort Gottes über Heilung gelehrt worden waren. Mein Vater starb im Alter von 54 Jahren und hinterließ mich als Halbwaise und meine Mutter als 38-jährige Witwe. Als Folge davon erfuhren wir in unserem Leben viel Schmerz. Unsere Gemeinde hatte dieses Problem zwar nicht verursacht, aber uns ganz sicher auch nicht dazu ausgerüstet, es zu überwinden.

Sei Teil einer Kirche oder Gemeinde, die den ganzen Ratschluss Gottes lehrt. Bleib nicht irgendwo, wo man gegen die Taufe im Heiligen Geist, die Gaben des Geistes, Heilung und gegen andere Wahrheiten ist. Deine »Ehrenmitgliedschaft« in einer Glaubensgemeinschaft oder die Tatsache, dass deine Tante dort den Chor leitet, hilft dir nicht, wenn du krank wirst. Obwohl du selbst vielleicht weißt, dass Gott heilt, wirst du enttäuscht sein, wenn du wegen mangelnder Kenntnis von Gottes Wort Schwierigkeiten hast, diese Heilung auch zu empfangen. Damit du Wohlergehen, Freisetzung und andere Segnungen von Gott erleben kannst, musst du im Wort Gottes unterrichtet werden. Sei Teil einer Gemeinde, die du von ganzem Herzen unterstützen kannst!

Eine gute Gemeinde predigt nicht einfach nur Vergebung unserer Sünden, sondern Glauben und Gnade für alle Bereiche unseres Lebens als Christ. In vielen christlichen Gruppierungen wird gelehrt, man müsse lediglich glauben, um Errettung zu empfangen – danach hänge dann aber alles von unserer Leistung ab! Das ist vollkommen falsch! Du musst dir weder Gottes Gunst noch Gebetserhörung, weder Gottes Liebe noch Heilung oder irgendetwas anderes verdienen. Alles, was Gott uns gibt, kommt aus Gnade durch Glauben.

Die Atmosphäre in einer Gemeinde sollte gesunde Beziehungen fördern. Der Pastor sollte ein mit Gottes Liebe erfüllter Leiter sein und dadurch den Ton angeben. Ob eine Gemeinde groß oder klein ist, spielt eigentlich keine Rolle. Manche großen Gemeinden haben Kleingruppen mit dem Ziel, die Gläubigen zu nähren und zur Reife zu führen. Kleine Gemeinden bieten oft schon naturgemäß ein Umfeld, das Freundschaften und geistliches Wachstum fördert. Ob eine Gemeinde nun groß oder klein ist, die Erfahrungen, die du dort machst, werden in der Regel von der Qualität deiner Beziehungen bestimmt.

Vertraue dem Herrn, dass er dich in eine gute Ortsgemeinde führen wird. Bete und unternimm dann Schritte im Glauben. Es bereitet ihm besondere Freude, dich an deinen Platz in seinem Leib zu führen!

KAPITEL 7

Gott persönlich kennen

Gott rettete dich, damit du in der Folge eine tiefe, persönliche Beziehung zu ihm genießen kannst. Errettung ist nicht bloß eine »Versicherung« gegen die Flammen der Hölle. Es liegt auch nicht in Gottes Absicht, dass du nur Vergebung für deine Sünden empfängst und dann lediglich überlebst, bis du in den Himmel kommst. Errettung ist sehr viel mehr!

Denn so [sehr] hat Gott die Welt geliebt, dass er seinen eingeborenen Sohn gab, damit jeder, der an ihn glaubt, nicht verlorengeht, sondern ewiges Leben hat. — Johannes 3,16

Das ist aber das ewige Leben, dass sie dich, den allein wahren Gott, und den du gesandt hast, Jesus Christus, erkennen. — Johannes 17,3

Errettung bedeutet, diesen gewaltigen, wunderbaren und liebenden Gott in alle Ewigkeit immer besser kennenzulernen.

Jesus kam, um uns ewiges Leben zu schenken. Die Vorstellung von Errettung als eine Art »Feuerversicherung« stammt von der Kirche, die dort, wo in der Bibel nur ein Komma steht, einen Punkt setzte. Es heißt nicht: *»Denn so sehr hat Gott die Welt geliebt, dass er seinen eingeborenen Sohn gab, damit jeder, der an ihn glaubt, nicht verloren geht«* – Punkt! Sehr viele Prediger brechen an dieser Stelle ab und betonen das Nebenprodukt der Errettung, nämlich nicht in die Hölle zu kommen, wobei sie Gottes Hauptanliegen – *sondern ewiges Leben hat* – völlig ignorieren. Wir wurden errettet, um eine persönliche Beziehung zu unserem himmlischen Vater und seinem Sohn zu haben.

Jesus kam aus Liebe zu uns auf die Erde! Er kam nicht als pflichtbewusster Schöpfer mit einem gewissen Gefühl von Schuldigkeit, seine rebellischen Geschöpfe retten zu müssen. Christi Motivation war reine Liebe, und jeder, der liebt, hat das Verlangen, selbst auch geliebt zu werden. Gottes Erbarmen für uns in unserem verlorenen Zustand und sein leidenschaftlicher Wunsch, unsere Beziehung zu ihm wiederherzustellen, verbanden sich in einer sich selbst aufopfernden Liebe, die sogar den Tod am Kreuz ertrug. Nun, da das Hindernis der Sünde für immer beseitigt ist, bist du frei, seine Liebe zu empfangen und im Gegenzug auch ihn zu lieben!

Die Beziehung, die Adam und Eva verloren hatten, ist für dich nun wiederhergestellt! »*... der sich selbst für unsere Sünden gegeben hat, damit er uns herausrette aus dem gegenwärtigen bösen Weltlauf, nach dem Willen unseres Gottes und Vaters*« (Gal 1,4). Jesus rettete dich nicht nur vor einer zukünftigen bösen Welt, der Hölle, sondern befreite dich nach dem Willen des Vaters auch aus dieser gegenwärtigen bösen Welt. Du bist nun imstande, mit ihm zu leben und zu reden.

Lerne Gott kennen!

Du wirst mir den Weg des Lebens zeigen; vor deinem Angesicht sind Freuden in Fülle, liebliches Wesen zu deiner Rechten ewiglich! — Psalm 16,11

Ihn liebt ihr, obgleich ihr ihn nicht gesehen habt; an ihn glaubt ihr, obgleich ihr ihn jetzt nicht seht, und über ihn werdet ihr euch jubelnd freuen mit unaussprechlicher und herrlicher Freude. — 1. Petrus 1,8

Wahre Freude und Zufriedenheit in diesem Leben kommen aus unserer vertrauten Beziehung zu Gott. Ihn zu kennen ist ewiges Leben!

Folge mir

Werde ein Jünger des Herrn Jesus Christus! Ein »Jünger« ist ein Lernender, jemand, der einem anderen nachfolgt. »*Wenn ihr in meinem Wort bleibt, so seid ihr wahrhaftig meine Jünger, und ihr werdet die Wahrheit erkennen, und die Wahrheit wird euch frei machen*« (Joh 8,31–32). Lerne, was das Wort Gottes sagt, und tu dann, was er dir aufgetragen hat. Wenn du im Glauben vorwärtsgehst, um Jesus nachzufolgen, wirst du mehr und mehr Freiheit erleben!

Es sollte deine Herzenshaltung sein, zu sagen: »Herr, ich weiß, dass du mich liebst, und auch ich liebe dich. Zeig mir, was ich tun soll, und ich werde gehorchen! Ich folge dir nach!« Habe keine Vorbehalte, sondern lege alles offen vor ihn hin! Erkenne, dass er Gott ist und dass du es nicht bist! Halte nichts vor ihm zurück, denn er hat dir bereits alles gegeben – er legte sein eigenes Leben für dich hin!

Die Wahrheit wird dich frei machen. »*Dein Wort ist Wahrheit*« (Joh 17,17). Aber nur jenes Wort Gottes, das du wirklich kennst und befolgst, wird dich frei machen. Du kannst die Bibel mit dir herumtragen und sie neben dein Bett legen, doch solange du sein Wort nicht in dein Herz aufnimmst, wird es dir nichts nützen. Meditiere über Gottes Wort, denke so lange darüber nach, bis es ein Teil von dir wird. Sobald du es so weit glaubst, dass du auch danach handelst, kennst du das Wort wirklich genau und auf persönliche Weise. Wenn diese Kenntnis des Wortes und die daraus folgende Erkenntnis in dein Herz einziehen, wird dich das freisetzen!

Ich möchte dir an dieser Stelle meine Lehrbotschaft »Eternal Life« dringend empfehlen. Darin gehe ich noch tiefer auf unsere Beziehung zum Herrn ein.

Eine weise Wahl

Willkommen in Gottes Familie! Wenn du dir zu Herzen nimmst, was ich dir hier mitteile, und es in die Tat umsetzt, befindest du dich auf bestem Wege zur Reife.

Die Entscheidung, Jesus Christus zum Mittelpunkt deines Lebens zu machen, ist die beste Entscheidung, die du je getroffen hast oder treffen wirst. Ich gratuliere dir zu deiner weisen Wahl. Als dein Bruder in Christus möchte ich dir zum Schluss folgende Stelle aus Gottes Wort mit auf den Weg geben:

> *Wachst dagegen in der Gnade und in der Erkenntnis unseres Herrn und Retters Jesus Christus! Ihm sei die Ehre, sowohl jetzt als auch bis zum Tag der Ewigkeit! Amen.*
> *— 2. Petrus 3,18*

Der Heilige Geist

EINLEITUNG

Millionen von Christen heute haben durch die gesonderte, einzigartige Erfahrung der »Taufe im Heiligen Geist« Gottes Kraft in ihr Leben empfangen. Überall auf der Welt – Afrika, Asien, Europa, Nord- oder Südamerika, Australien – bringen diese Gläubigen das Reich Gottes offensiv und effektiv voran.

Ich selbst bin mit der Lehre aufgewachsen, dass mit dem Ende der ersten Gemeinde zur Zeit der Apostel auch Gottes wunderwirkende Kraft auf der Erde aufgehört habe. Das führte mich zu der Überzeugung, mit der Errettung bereits alles bekommen zu haben, was vom Heiligen Geist empfangbar war. Als meine Errettung dann schon einige Jahre zurücklag, setzte bei mir Frustration über mein kraft- und siegloses Leben als Christ ein. In meiner Verzweiflung suchte ich den Herrn von ganzem Herzen und erfuhr völlig unerwartet die Taufe im Heiligen Geist. Diese kraftvolle Begegnung mit Gott hat mein ganzes Leben von Grund auf verändert!

Heute, Jahrzehnte später, ist meine Beziehung zum Herrn tiefer und stärker als je zuvor. Ich erlebe regelmäßig Wunder aller Art, und mein Lehrdienst erstreckt sich buchstäblich über die ganze Welt. Nichts von alldem wäre ohne die übernatürliche Kraft des Heiligen Geistes möglich gewesen!

Ob du erst vor kurzem wiedergeboren wurdest oder schon seit vielen Jahren errettet bist, Gottes Wort zeigt unmissverständlich, dass die Taufe im Heiligen Geist eine notwendige Voraussetzung ist, um ein fruchtbares und erfülltes Christenleben zu führen. Der Herr selbst hat angeordnet: *»Empfangt (den) Heiligen Geist«* (Joh 20,22). Ich ermutige dich, dieser Aufforderung heute zu folgen!

KAPITEL 8

Leben durch Gottes Kraft

Ich wurde wiedergeboren, als ich acht Jahre alt war. Unser Pastor predigte an jenem Morgen eine Botschaft über die Hölle. Obwohl ich in meinem jungen Leben kaum schlimme Dinge getan hatte, erkannte ich dennoch, dass ich gesündigt hatte und es mir an der Herrlichkeit Gottes mangelte. Ich wusste auch, dass die »Hölle« der Ort war, an den die Menschen gingen, die Jesus nicht als ihren Herrn und Erlöser angenommen hatten. Die Predigt an diesem Sonntag beunruhigte mich und so suchte ich Rat bei meinem Vater. Er erklärte mir, dass Gott heilig sei und meine Sünde mich von ihm trenne, dass seine Gerechtigkeit meine Verdammung in die Hölle erforderte, dass aber Jesus gekommen sei, um meine Sünden zu vergeben und stellvertretend für mich die ganze Strafe auf sich zu nehmen. Ich erinnere mich, dass ich mit meinem Vater in meinem Kinderzimmer betete und dass ich den Herrn an jenem Abend annahm. Im selben Moment spürte ich eine tiefe, innere Erleichterung und Friede durchflutete mein Herz.

Noch bevor ich am nächsten Tag auch nur irgendjemandem etwas von meiner Bekehrung erzählen konnte, hatten meine Freunde in der Schule auch schon die Veränderung in mir bemerkt. »Was ist denn mit dir passiert?«, wurde ich gefragt. Als ich ihnen von meiner Wiedergeburt berichtete, machten sie sich sofort darüber lustig, dass ich ein Christ geworden war. Obwohl meine Mitschüler zum Zeitpunkt meiner Bekehrung eine anfängliche

Veränderung in mir feststellen konnten, gab es später für meinen Glauben an Christus nur noch dürftige Hinweise.

Mein bester Freund aus der Grundschule hatte nie gewusst, dass ich Christ war. Das erfuhr er erst, als er mich vor kurzem im Fernsehen sah. Er war gerade durch eine äußerst schwierige Lebensphase gegangen und hatte, am Ende seiner Kraft angelangt, den Herrn angenommen. Als wir uns kurz darauf das erste Mal seit über dreißig Jahren wiedersahen, war er völlig schockiert zu hören, dass ich schon unsere ganze Schulzeit über Christ gewesen war.

Mein Glaube hatte auf das Leben anderer ganz einfach keinen Einfluss gehabt. Ich betete ganze sechs Monate lang um Heilung für meinen Vater, doch nichts passierte. Er starb, als ich zwölf Jahre alt war. Obwohl ich vielen Versuchungen, denen andere Christen erlagen, ohne Schwierigkeiten widerstand, gehörten die sichtbaren Demonstrationen der Kraft Gottes, die die Bibel bei Gläubigen beschreibt, nur allzu offensichtlich nicht zu meinem Leben. Im Grunde genommen bestand das Christsein für mich aus den Lehrmeinungen und Glaubenssätzen, die ich verinnerlicht hatte.

Doch dann empfing ich am 23. März 1968 die Taufe im Heiligen Geist. Etwas in mir explodierte und mein Verständnis von Gott sprengte plötzlich alle Grenzen. Es dauerte viele Jahre, bis ich meinen Sinn (meine Gedanken und mein Wollen) erneuert hatte und anderen erklären konnte, was ich von jenem Moment an in meinem Geist bereits wusste. Als meine Mutter die plötzliche und radikale Veränderung sah, die in meinem Denken, Gefühlsleben und Verhalten stattgefunden hatte, dachte sie tatsächlich, ich hätte den Verstand verloren. Mein neu entbrannter Eifer für Gott, gepaart mit einem Mangel an Weisheit, bewirkte sogar meinen Rauswurf aus einigen Gemeinden. Über Nacht war ich zum Fanatiker geworden!

Niemand hätte je von mir gehört, wenn ich nicht im Heiligen Geist getauft worden wäre! Ich hätte an meiner formalen Errettung festgehalten, die Zeit bis zum Himmel durchgehalten und auf dieser Erde praktisch keinerlei Einfluss von Ewigkeitswert ausgeübt. Und ich bin nicht der Einzige, der sein Leben als Christ anfänglich ohne Sieg und äußerliche Beweise von Gottes Kraft gelebt hat. Ich habe viele, viele Zeugnisse von Menschen gelesen – sogar in der Bibel! –, denen es genauso erging!

Wie eine Taube

Selbst Jesus wirkte in der Kraft Gottes erst, nachdem er im Heiligen Geist getauft worden war. Die Engel hatten ihn bei seiner Geburt als Herrn angekündigt, doch nichts von dem, was seinen Dienst auszeichnete – predigen, heilen, Dämonen austreiben – geschah, bevor der Heilige Geist wie eine Taube auf ihn herabgekommen war.

> *Und als Jesus getauft war, stieg er sogleich aus dem Wasser; und siehe, da öffnete sich ihm der Himmel, und er sah den Geist Gottes wie eine Taube herabsteigen und auf ihn kommen. Und siehe, eine Stimme [kam] vom Himmel, die sprach: Dies ist mein geliebter Sohn, an dem ich Wohlgefallen habe!*
> *— Matthäus 3,16–17*

Der Übergang vom Natürlichen zum Übernatürlichen im Leben von Christus war die Taufe im Heiligen Geist.

Sobald Jesus mit dem Heiligen Geist gesalbt worden war, begann er seinen Dienst. Der Geist führte ihn in die Wüste, damit er dem Teufel entgegentrat (Lk 4,1–13). Jesus kam siegreich zurück und verkündete in der Synagoge seines Heimatdorfes mutig:

Der Geist des Herrn ist auf mir, weil er mich gesalbt hat, den Armen frohe Botschaft zu verkünden; er hat mich gesandt, zu heilen, die zerbrochenen Herzens sind, Gefangenen Befreiung zu verkünden und den Blinden, dass sie wieder sehend werden, Zerschlagene in Freiheit zu setzen, um zu verkündigen das angenehme Jahr des Herrn. — Lukas 4,18–19

Von diesem Tag an tat Jesus das, wozu er gesalbt worden war.

Viele Male gab der Herr seine völlige Abhängigkeit vom Vater und dem Heiligen Geist zu. Er tat den Willen des Vaters in der Kraft des Heiligen Geistes, die in ihm und durch ihn floss. Vater, Sohn und Heiliger Geist arbeiten immer in völliger Einheit zusammen. Als Teil dieser voneinander abhängigen, dreieinigen Gottheit konnte und wollte Jesus so lange keine Wunder tun, bis der Heilige Geist auf ihn gekommen war.

Gott macht nie etwas unabhängig von seinem Geist. Deshalb ist es unerlässlich für uns, den Heiligen Geist in unser Leben einzuladen, wenn wir den Sieg und den Überfluss erleben wollen, den Gott uns bereits zur Verfügung gestellt hat. Wenn der sündlose Sohn Gottes im Heiligen Geist getauft werden musste, bevor er seinen Dienst begann, wie können wir dann als Christen annehmen, ohne die Taufe im Heiligen Geist erfolgreich zu sein?

Aufruhr im Tempel

Die Jünger Jesu waren Schwächlinge ohne Rückgrat, bevor sie die Taufe im Heiligen Geist empfingen. Diese Männer waren Jesus dreieinhalb Jahre nachgefolgt, hatten seine Wunder gesehen, seine Lehren gehört und den Alltag mit ihm geteilt. Doch ihr Leben war erfüllt von Schwachheit, Unreife, fleischlicher Gesinnung und

Streit. Nachdem Jesus verhaftet worden war, lösten sich ihre Versprechen, bei ihm zu bleiben – sogar bis in den Tod –, in Wohlgefallen auf. Sie ließen ihn im Stich und rannten voller Entsetzen um ihr Leben.

Petrus verleugnete Jesus nur Stunden nach seinem Schwur zur »Treue bis in den Tod« gleich drei Mal. Seine menschliche Kraft reichte nicht einmal aus, um Jesus vor der Magd des Hohenpriesters und vor einigen anderen Leuten die Treue zu halten. Als man ihn wiederholt fragte: »Bist du nicht einer der Jünger Jesu?«, schwor er unter Verwünschungen: »Ich kenne den Menschen nicht!« Dann krähte der Hahn und Petrus realisierte, was er getan hatte. Er weinte bitterlich. Er hatte Christus nicht verleugnen wollen, doch in seiner eigenen menschlichen Kraft war er unfähig gewesen, dem Druck standzuhalten (Mt 26,69–75).

Doch dann wurden Petrus und die anderen Jünger im Heiligen Geist getauft.

> *Und als der Tag der Pfingsten sich erfüllte, waren sie alle einmütig beisammen. Und es entstand plötzlich vom Himmel her ein Brausen wie von einem daherfahrenden gewaltigen Wind und erfüllte das ganze Haus, in dem sie saßen. … Und sie wurden alle vom Heiligen Geist erfüllt …*
> *— Apostelgeschichte 2,1–2.4*

Sofort verwandelten sich die Jünger in kraftvolle Zeugen, die Jesus nun mit großer Kühnheit verkündeten. Allein am ersten Tag wurden dreitausend Menschen errettet und im Wasser getauft (Apg 2,41).

Kurz darauf heilten Petrus und Johannes einen Gelähmten vor dem Tempel und verursachten durch die Verkündigung des Evangeliums einen solchen Aufruhr, dass die religiösen Führer sie ins

Gefängnis werfen ließen (Apg 3,1–4,3). Wieder glaubten Tausende ihrer Botschaft, sodass die Obersten Petrus und Johannes schließlich verhörten, um herauszufinden, was da vorging.

> *Es geschah aber am folgenden Morgen, dass sich ihre Obersten und Ältesten und Schriftgelehrten in Jerusalem versammelten, auch Hannas, der Hohepriester, und Kajaphas und Johannes und Alexander und alle, die aus hohepriesterlichem Geschlecht waren. Und sie stellten sie in ihre Mitte und fragten sie: Durch welche Kraft oder in welchem Namen habt ihr das getan? — Apostelgeschichte 4,5–7*

Kühn konfrontierte Petrus nun dieselben Männer, die Jesus gekreuzigt hatten!

> *Da sprach Petrus, vom Heiligen Geist erfüllt, zu ihnen: Ihr Obersten des Volkes und ihr Ältesten von Israel, wenn wir heute wegen der Wohltat an einem kranken Menschen verhört werden, durch wen er geheilt worden ist, so sei euch allen und dem ganzen Volk Israel bekannt gemacht, dass durch den Namen Jesu Christi, des Nazareners, den ihr gekreuzigt habt, den Gott auferweckt hat aus den Toten, dass dieser durch Ihn gesund vor euch steht. Das ist der Stein, der von euch, den Bauleuten, verworfen wurde, der zum Eckstein geworden ist. Und es ist in keinem anderen das Heil; denn es ist kein anderer Name unter dem Himmel den Menschen gegeben, in dem wir gerettet werden sollen! — Apostelgeschichte 4,8–12*

Petrus verkündete öffentlich vor allen jüdischen Ältesten, dass allein der Glaube an den Gott Abrahams zur Errettung nicht ausreichend war. Er sagte ihnen deutlich, dass sie auch an den Namen von Jesus Christus glauben mussten, den sie selbst gekreuzigt hatten, oder ewiger Verdammung entgegensehen würden. Petrus ließ ihnen keinen Ausweg: Entweder nehmt ihr Jesus an oder ihr lehnt ihn ab!

Und dieselben Männer, vor denen die Jünger zuvor voller Entsetzen geflohen waren, beugten sich nun vor deren durch den Heiligen Geist gewirkten Kühnheit.

> *Als sie aber die Freimütigkeit von Petrus und Johannes sahen und erfuhren, dass sie ungelehrte Leute und Laien seien, verwunderten sie sich; und sie erkannten, dass sie mit Jesus gewesen waren. Da sie aber den Menschen bei ihnen stehen sahen, der geheilt worden war, konnten sie nichts dagegen sagen. — Apostelgeschichte 4,13–14*

Das durch die Jünger gewirkte Wunder brachte die Opposition der religiösen Ältesten zum Schweigen. Welch eine Veränderung hatte doch die Taufe im Heiligen Geist in ihr Leben gebracht!

Klare Anweisungen

Die letzten Worte unseres Herrn an seine Nachfolger, bevor er wieder in den Himmel aufgenommen wurde, bestanden aus klaren Anweisungen in Bezug auf den Heiligen Geist. Wenn dein Werk auf dieser Erde beendet wäre und du zu deinem Vater im Himmel zurückkehren und dein ganzes Königreich einer kleinen Gruppe von Menschen übergeben würdest, dann wären deine letzten Worte an sie ganz sicher von äußerster Wichtigkeit!

Jesus befahl seinen Jüngern, so lange nichts zu tun, bis sie im Heiligen Geist getauft worden seien.

> *Und als er mit ihnen zusammen war, gebot er ihnen, nicht von Jerusalem zu weichen, sondern die Verheißung des Vaters abzuwarten, die ihr [– so sprach er –] von mir vernommen habt, denn Johannes hat mit Wasser getauft, ihr aber sollt mit Heiligem Geist getauft werden nicht lange nach diesen Tagen. … sondern ihr werdet Kraft empfangen, wenn der Heilige Geist auf euch gekommen ist, und ihr werdet meine Zeugen sein in Jerusalem und in ganz Judäa und Samaria und bis an das Ende der Erde! Und als er dies gesagt hatte, wurde er vor ihren Augen emporgehoben, und eine Wolke nahm ihn auf von ihren Augen weg. — Apostelgeschichte 1,4–5.8–9*

Stell dir vor, wie schwierig das für die Jünger gewesen sein muss! Jesus hatte Gottes Wort gepredigt und wie niemand zuvor seine Kraft auf der Erde demonstriert. Aus diesem Grund ließen die religiösen Machthaber ihn umbringen und ins Grab legen. Ihrem menschlichen Verständnis nach war Jesus nichts weiter als ein gewöhnlicher Mensch. Doch nach drei Tagen stand »dieser Mensch« von den Toten auf, genau wie er es vorausgesagt hatte, und bewies damit die Gültigkeit seiner Worte. Doch damit nicht genug: Jesus brachte nach seiner Auferstehung vierzig weitere Tage auf der Erde damit zu, seine Nachfolger zu lehren, bevor sie ihn dann persönlich in den Himmel auffahren sahen. Diese Jünger hatten unerhört gute Neuigkeiten – die es wert waren, von den Hausdächern verkündet zu werden –, doch Jesus befahl ihnen, sie für eine Weile zurückzuhalten. Warum? Die Jünger mussten zuerst im Heiligen Geist getauft werden!

Obwohl es wundervoll ist, wiedergeboren zu sein und Vergebung für unsere Sünden empfangen zu haben, können wir so lange keine wirksamen Zeugen für Jesus sein, bis wir die Fülle des Heiligen Geistes haben. Erst wenn wir ihn empfangen, werden wir fähig sein, ein siegreiches Leben zu führen und voller Kraft Zeugnis von Jesus zu geben. Denn erst der Heilige Geist befähigt uns, unsere Errettung tiefer zu erfahren und die wunderbaren Dinge, die Gott an uns getan hat, mit anderen wirksam zu teilen.

Viele Christen lieben Gott von ganzem Herzen, dienen ihm aber aus eigener Kraft, weil sie nicht in seinem Geist getauft worden sind. Das Resultat ist ein toter, kraftloser Dienst. »*… der uns auch tüchtig gemacht hat zu Dienern des neuen Bundes, nicht des Buchstabens, sondern des Geistes; denn der Buchstabe tötet, aber der Geist macht lebendig*« (2Kor 3,6).

Wenn Gläubige versuchen, aus ihren eigenen Fähigkeiten und ihrem eigenen Wissen heraus (die Bibel nennt das fleischlich) zu dienen, hat dieser Dienst, sogar wenn sie das Richtige sagen und tun, geistlich gesehen kein Gewicht. Ein Hauptgrund für die Leblosigkeit der heutigen Gemeinde sind Christen, die versuchen, Gott ohne die Kraft des Heiligen Geistes zu dienen.

Es ist aber Jesus Christus selbst, der durch vom Heiligen Geist gestärkte Zeugen Zeugnis gibt und sein Leben zu den Menschen bringt. Unsere durch den Geist Gottes mit Kraft geladenen Worte und Taten haben das Potential, Menschenleben für das Reich Gottes positiv zu beeinflussen. Der Heilige Geist ist derjenige, der uns dabei helfen wird, das uns von Gott versprochene Leben in Sieg und Fülle zu erfahren. Wenn sowohl Jesus als auch die ersten Christen die Taufe im Heiligen Geist brauchten, um ein kraftvolles Leben zu führen, dann brauchen auch wir heute diese Gabe!

KAPITEL 9

Im Heiligen Geist getauft

Wenn du dem Wort Gottes glaubst, kannst du die Existenz der Taufe mit dem Heiligen Geist (oder auch im Heiligen Geist) nicht abstreiten. Johannes der Täufer sagte über Jesus:

> *Ich taufe euch mit Wasser zur Buße; der aber nach mir kommt, ist stärker als ich, so dass ich nicht würdig bin, ihm die Schuhe zu tragen; der wird euch mit Heiligem Geist und Feuer taufen. — Matthäus 3,11*

Christus wurde im Heiligen Geist getauft (Mt 3,16; Mk 1,10; Lk 3,22). Die ersten Apostel, einschließlich Paulus, wurden im Heiligen Geist getauft (Apg 2,1–4; 9,17–18). Immer wenn Menschen in der Apostelgeschichte wiedergeboren wurden, empfingen sie auch kurz darauf die Taufe im Heiligen Geist.

Viele Christen behaupten, dass die Taufe im Heiligen Geist automatisch mit der Errettung komme.

> *Niemand kann zu mir kommen, es sei denn, dass ihn der Vater zieht, der mich gesandt hat; und ich werde ihn auferwecken am letzten Tag. — Johannes 6,44*

Diese Menschen erkennen das Werk des Geistes an, der Menschen zu Gott zieht, und schließen daraus, dass alles, was man in Bezug auf den Heiligen Geist je bekommen kann, im Moment der

Wiedergeburt empfangen wird. Obwohl es stimmt, dass man mit der Wiedergeburt auch den Heiligen Geist hat, heißt das jedoch noch lange nicht, dass man auch in ihm getauft worden ist!

Ströme lebendigen Wassers

Es ist eine Sache, den Heiligen Geist zu haben – und eine ganz andere, wenn er *dich* hat! Es macht einen großen Unterschied, ob der Heilige Geist in deinem Leben einfach gegenwärtig ist oder ob er die Führung in deinem Leben innehat. Geistlich gesehen ist das ein Unterschied wie Tag und Nacht.

Jesus sagte zu seinen Jüngern:

> *Und ich will den Vater bitten, und er wird euch einen anderen Beistand geben, dass er bei euch bleibt in Ewigkeit, den Geist der Wahrheit, den die Welt nicht empfangen kann, denn sie beachtet ihn nicht und erkennt ihn nicht; ihr aber erkennt ihn, denn er bleibt bei euch und wird in euch sein.*
> *— Johannes 14,16–17*

Den Heiligen Geist auf diese Weise zu empfangen, war den Jüngern vor der Auferstehung Jesu nicht möglich. Zwar war der Heilige Geist *bei* den Jüngern und wirkte durch sie (was durch die Wunder ersichtlich war, die sie vollbrachten), doch er war nicht *in* ihnen. Die Fülle des Heiligen Geistes konnte erst empfangen werden, nachdem Christus in Herrlichkeit in den Himmel aufgenommen worden war.

Wenn du den Heiligen Geist in dir hast, fließen Ströme des Lebens aus deinem Innersten.

Aber am letzten, dem großen Tag des Festes stand Jesus auf, rief und sprach: Wenn jemand dürstet, der komme zu mir und trinke! Wer an mich glaubt, wie die Schrift gesagt hat, aus seinem Leib werden Ströme lebendigen Wassers fließen. Das sagte er aber von dem Geist, den die empfangen sollten, welche an ihn glauben; denn der Heilige Geist war noch nicht da, weil Jesus noch nicht verherrlicht war. — Johannes 7,37–39

Nicht bloß ein Rinnsal oder ein Becher voll, auch nicht ein Brunnen, aus dem du selbst immer wieder Wasser pumpen musst, sondern *Ströme* lebendigen Wassers werden wie aus einer Quelle aus dir herausfließen!

Jesus versprach seinen Jüngern, dass der Heilige Geist, der *bei* ihnen gewesen war, eines Tages *in* ihnen sein werde. Dieser Tag kam kurz nach seiner Auffahrt in den Himmel.

Und als der Tag der Pfingsten sich erfüllte, waren sie alle einmütig beisammen. Und es entstand plötzlich vom Himmel her ein Brausen wie von einem daherfahrenden gewaltigen Wind und erfüllte das ganze Haus, in dem sie saßen. Und es erschienen ihnen Zungen wie von Feuer, die sich zerteilten und sich auf jeden von ihnen setzten. Und sie wurden alle vom Heiligen Geist erfüllt und fingen an, in anderen Sprachen zu reden, wie der Geist es ihnen auszusprechen gab. — Apostelgeschichte 2,1–4

Die Kraftquelle

Diejenigen, die nicht glauben, dass die Taufe im Heiligen Geist eine zweite, von der Errettung getrennte Erfahrung ist, lehren fälschlicherweise, dass Gottes wunderwirkende Kraft mit dem Tod der ersten Apostel aufgehört habe. Diese Menschen glauben weder an die Gaben des Geistes noch an das Reden in Sprachen, auch nicht an Dämonenaustreibung oder an ein Leben im Sieg über Krankheit, Gebrechen und Armut. Wenn heute die gleichen Wunder geschehen, wie Gott sie zu biblischen Zeiten vollbrachte, glauben sie, es sei ein Werk des Teufels. Mit dieser Theologie stimmt etwas nicht!

Der Heilige Geist ist die Kraftquelle! Weise ihn ab und du wirst weder Wunder noch Heilungen, weder Dämonenaustreibung noch Sprachengebet erleben. Nimm ihn an, indem du die Taufe im Heiligen Geist empfängst, und öffne dich damit für die übernatürliche Kraft Gottes, die auf diese wunderbare Art und Weise wirkt. Aber du musst die Quelle annehmen, um ihre Kraft zu haben!

Eine getrennte Erfahrung

Die Bibel lehrt klar, dass die Taufe im Heiligen Geist eine von der Errettung getrennte Erfahrung ist. Diese Tatsache kann einem nur dann entgehen, wenn man gewisse religiöse Vorurteile gegenüber dieser Wahrheit hat. Apostelgeschichte 8 berichtet, dass Philippus nach Samaria ging und dort Christus predigte. Viele glaubten und ließen sich taufen, nachdem sie die Wunder sahen, die Philippus wirkte (Apg 8,5–12). Als die Gemeinde in Jerusalem von diesen Ereignissen hörte, sandte sie Petrus und Johannes nach Samaria, damit sie diese Angelegenheit überprüften. Nach ihrer Ankunft trafen die beiden Apostel all die Menschen, die errettet worden waren, und legten ihnen die Hände auf, damit sie die Taufe im Heiligen Geist empfingen (Apg 8,14–17).

Manche Leute nehmen an, dass jemand erst dann wirklich errettet ist, wenn er auch im Heiligen Geist getauft wurde. Apostelgeschichte 8 widerlegt dies jedoch eindeutig. Die Menschen aus Samaria hatten Gottes Wort empfangen, waren wiedergeboren und in Wasser getauft worden. Wären sie gestorben, bevor sie im Heiligen Geist getauft wurden, so wären sie direkt in die Gegenwart Gottes übergegangen. Die Errettung rettet den Menschen und die Taufe im Heiligen Geist verleiht ihm Kraft.

Diese Wahrheit wird auch durch einige Jünger in Ephesus bestätigt:

> *Es geschah aber, während Apollos in Korinth war, dass Paulus, nachdem er die höher gelegenen Gebiete durchzogen hatte, nach Ephesus kam. Und als er einige Jünger fand, sprach er zu ihnen: Habt ihr den Heiligen Geist empfangen, als ihr gläubig wurdet? Sie aber antworteten ihm: Wir haben nicht einmal gehört, dass der Heilige Geist da ist!*
> *— Apostelgeschichte 19,1–2*

Apollos hatte überall, wo er hinging, voller Eifer Christus gepredigt (Apg 18,24–25). Allerdings hatte er die Gemeinschaft der Jünger schon vor der Auferstehung Christi verlassen und wusste deshalb über die Taufe im Heiligen Geist nicht Bescheid. Aquila und Priszilla mussten ihn zur Seite nehmen und ihm den Weg Gottes genauer erklären (Apg 18,26). Apollos hatte bereits einige Menschen in Ephesus zu Christus geführt, als Paulus dann einige Zeit später dort eintraf. Doch als er die Gläubigen fragte: »Habt ihr den Heiligen Geist empfangen?«, antworteten sie ihm: »Wir haben noch nicht einmal gehört, dass es einen Heiligen Geist gibt!« (Apg 19,2). So antworten viele Christen auch heute noch!

Ich wuchs zwar in einer Gemeinde auf, aber dort erklärte mir niemand, dass ich durch den Heiligen Geist übernatürliche Kraft empfangen konnte. Ich wusste nicht, dass er kommen und durch mich Wunder wirken wollte. In unserer Gemeinde glaubten wir nicht an solche Dinge – wir waren errettet, steckten aber fest! Das Einzige, worüber wir uns in unserem Leben als Christen freuen konnten, bestand darin, Menschen für Jesus zu gewinnen und Lieder über unsere Zukunft im Himmel zu singen. Ich wusste nichts von der Tatsache, dass Gott für mich ein siegreiches, erfülltes Leben schon hier auf der Erde vorgesehen hatte!

Die Menschen, die sich durch Apollos bekehrt hatten, glaubten zwar an Jesus, wussten aber nicht, dass der Heilige Geist ausgesandt worden war, um sie genauso zu salben, wie auch ihr Herr Jesus gesalbt worden war, und sie dadurch mit göttlicher Kraft auszurüsten. Paulus setzte dort an, wo Apollos aufgehört hatte, und zeigte den Christen in Ephesus, wie sie Gottes Kraft in ihrem Leben empfangen konnten. *»Und als Paulus ihnen die Hände auflegte, kam der Heilige Geist auf sie, und sie redeten in Sprachen und weissagten«* (Apg 19,6).

Verändere deine Welt!

Heute können Millionen von Menschen Zeugnis geben über dieses von der Errettung getrennte und eigene Werk des Heiligen Geistes in ihrem Leben. Obwohl viele Christen in westlichen Ländern diese Erfahrung leugnen, hat die Mehrheit der Gläubigen überall sonst auf der Welt die Taufe im Heiligen Geist mit offenen Armen empfangen!

Afrika, Asien und Südamerika haben einige der größten Ausgießungen des Heiligen Geistes erlebt, die wir in jüngster Zeit gesehen haben. Wunder sind an der Tagesordnung und Gemeinden zählen oft Zehntausende, ja sogar Hunderttausende von Menschen. Die überwiegende Mehrheit der Gläubigen, die an diesen Ausgießungen teilhatte, empfing die Taufe im Heiligen Geist und die damit einhergehende Sprachenrede.

Weltweit betrachtet erleben diejenigen christlichen Gemeinden und Werke das größte Wachstum, die an die Taufe im Heiligen Geist glauben. Die meisten traditionellen, konfessionellen Kirchen, die gegen dieses Geschenk ankämpfen, erleben entweder kein Wachstum oder schrumpfen sogar beträchtlich. Im Heiligen Geist getaufte Gläubige sind in der christlichen Welt auf dem Vormarsch, denn sie leisten den Großteil erfolgreicher Evangelisationsarbeit und üben den größten Einfluss bei der Ausbreitung von Gottes Reich aus.

Willst du dort sein, wo die Kraft Gottes wirkt? Bist du hungrig danach, wirkliche Begeisterung und wahres Leben zu erfahren? Sehnst du dich danach, auf der Siegerseite zu sein? All das und noch viel mehr wirst du unter Christen finden, die im Heiligen Geist getauft worden sind!

KAPITEL 10

Das komplette Paket

Jesus nannte den Heiligen Geist oft den »Tröster«. Er wird in deinem Leben viele verschiedene Aufgaben wahrnehmen:

Der Heilige Geist wird in Ewigkeit bei dir bleiben. »*Und ich will den Vater bitten, und er wird euch einen anderen Beistand geben, dass er bei euch bleibt in Ewigkeit*« (Joh 14,16). Wohin du auch gehst, was auch immer du tust, Gott selbst wird mit dir sein!

Der Heilige Geist wird dich in allen Herausforderungen und Schwierigkeiten trösten. »*... der uns tröstet in all unserer Bedrängnis, damit wir die trösten können, die in allerlei Bedrängnis sind, durch den Trost, mit dem wir selbst von Gott getröstet werden*« (2Kor 1,4). Er wird dich auch befähigen, anderen mit Gottes Trost zu dienen.

Der Heilige Geist wird dein Lehrer sein. »*Der Beistand aber, der Heilige Geist, den der Vater senden wird in meinem Namen, der wird euch alles lehren und euch an alles erinnern, was ich euch gesagt habe*« (Joh 14,26). Er wird dich auch an alles erinnern, was der Herr gesagt hat.

Der Geist der Wahrheit wird dir Zeugnis von Jesus geben. »*Wenn aber der Beistand kommen wird, den ich euch vom Vater senden werde, der Geist der Wahrheit, der vom Vater ausgeht, so wird der von mir Zeugnis geben; und auch ihr werdet Zeugnis geben, weil ihr von Anfang an bei mir gewesen seid*« (Joh 15,26–27). Er wird dir auch helfen, anderen Zeugnis von Jesus zu geben.

»Es ist gut, dass ich hingehe!«

Es ist von Vorteil für uns, dass Jesus im Himmel und der Heilige Geist auf der Erde ist. »*Aber ich sage euch die Wahrheit: Es ist gut für euch, dass ich hingehe; denn wenn ich nicht hingehe, so kommt der Beistand nicht zu euch. Wenn ich aber hingegangen bin, will ich ihn zu euch senden*« (Joh 16,7). Während Jesus als Mensch auf der Erde lebte, konnte er nicht überall gleichzeitig sein. Doch durch seinen Geist kann er jetzt zur selben Zeit mit jedem einzelnen Gläubigen zusammen sein!

Der Heilige Geist wird überführen und überzeugen. »*Und wenn jener kommt, wird er die Welt überführen von Sünde und von Gerechtigkeit und vom Gericht; von Sünde, weil sie nicht an mich glauben; von Gerechtigkeit aber, weil ich zu meinem Vater gehe und ihr mich nicht mehr seht; vom Gericht, weil der Fürst dieser Welt gerichtet ist*« (Joh 16,8–11). Er überführt die Welt von der Sünde, nicht an Jesus zu glauben, und überzeugt uns davon, dass wir in Christus gerecht sind und dass der Teufel, der uns ständig Anschuldigungen und Lügen entgegenschleudert, gerichtet ist.

Der Heilige Geist wird dich in alle Wahrheit führen. »*Noch vieles hätte ich euch zu sagen; aber ihr könnt es jetzt nicht ertragen. Wenn aber jener kommt, der Geist der Wahrheit, so wird er euch in die ganze Wahrheit leiten; denn er wird nicht aus sich selbst reden, sondern was er hören wird, das wird er reden, und was zukünftig ist, wird er euch verkündigen*« (Joh 16,12–13). Mit wachsender Reife wird der Geist der Wahrheit dir zunehmend die Worte Jesu mitteilen – ganz so, wie du es verkraften kannst. Er wird dir sogar Dinge offenbaren, die noch in der Zukunft liegen!

Der Heilige Geist wird Jesus verherrlichen. »*Er wird mich verherrlichen; denn von dem Meinen wird er nehmen und euch ver-*

kündigen« (Joh 16,14). Er wird Dinge vom Herrn empfangen und sie dir zeigen!

Wenn du im Heiligen Geist getauft bist, wird Gottes Kraft in dich hineinfluten und du wirst ein wirksamer Zeuge sein, wohin du auch gehst! *»Sondern ihr werdet Kraft empfangen, wenn der Heilige Geist auf euch gekommen ist, und ihr werdet meine Zeugen sein in Jerusalem und in ganz Judäa und Samaria und bis an das Ende der Erde!«* (Apg 1,8).

Keine Option, sondern Notwendigkeit!

Angesichts all dieser gewaltigen Vorteile bitte ich dich eindringlich, die Tatsache zu akzeptieren, dass die Taufe im Heiligen Geist keine Option, sondern eine Notwendigkeit ist. Empfange seine Kraft, damit du den Tröster in vollem Umfang erleben kannst!

Die Taufe im Heiligen Geist macht Gottes Kraft für dich verfügbar. Zwar wirst du nicht automatisch in einen siegreichen Christen verwandelt, aber du wirst zunehmend Sieg erfahren, wenn du seine Kraft durch den Glauben in Anspruch nimmst. Das ist auch der Grund, warum sich im Leben mancher Christen nicht viel Sieg zeigt, obwohl sie die Taufe im Heiligen Geist empfangen haben. Gottes Kraft steht ihnen zwar zur Verfügung, aber sie haben sie sich nicht zunutze gemacht. Diejenigen jedoch, die die Taufe im Heiligen Geist ganz ablehnen, verwehren sich damit selber jeglichen Zugang zu seiner Kraft. Du musst die Quelle – den Heiligen Geist – empfangen haben, um Gottes Kraft in Anspruch nehmen zu können!

Einige Christen wurden vielleicht im Heiligen Geist getauft, ohne sich dessen bewusst zu sein. Es sind wundervolle Menschen, die zwar nicht in Zungen sprechen oder an eine von der

Wiedergeburt getrennte Erfahrung mit dem Heiligen Geist glauben – dennoch besitzen sie eindeutig all die anderen Merkmale, die Menschen aufweisen, die die Taufe im Heiligen Geist empfangen haben. Oft ist es so, dass sie an irgendeinem Punkt ihres Lebens ans Ende ihrer eigenen Kraft kamen, den Herrn um Hilfe anriefen und um mehr von ihm baten. Sie lieferten sich Gott aus und hatten eine übernatürliche Begegnung mit ihm. Wenn diese Begegnung mit Gott tatsächlich auch die Taufe im Heiligen Geist beinhaltete, könnten sie nun – unabhängig davon, ob sie sich des Empfangenen bewusst sind oder nicht – jederzeit in Zungen sprechen, indem sie es im Glauben einfach tun.

Gott will, dass wir sein Komplettpaket erhalten! Einige Theologen des 19. und frühen 20. Jahrhunderts lehrten über eine zweite, separate Erfahrung mit dem Herrn nach der Errettung, nicht aber über die Zungensprache. Sie glaubten an eine Kraftausgießung von oben, doch nicht an die damit einhergehenden Zeichen und Wunder. Warum sollten wir nur einen Teil von Gottes Geschenk empfangen? Warum nicht das ganze Paket? Unser liebender Vater im Himmel hat so gut für uns gesorgt, dass er uns die Taufe im Heiligen Geist gegeben hat. Also zeig ihm deine Wertschätzung, indem du das ganze Paket in Empfang nimmst!

KAPITEL 11

Empfange ihn heute

Gott möchte, dass du im Heiligen Geist getauft wirst! Noch viel mehr als du selbst wünscht er sich, dass du durch ihn erfüllt, geleitet und voller Kraft bist. Tatsächlich hat der Heilige Geist schon immer gespannt darauf gewartet, dass du ihm dein Herz öffnest und ihn einlädst. Bist du bereit, im Glauben zu bitten und ihn heute zu empfangen?

Es gibt Gruppierungen, die fälschlicherweise lehren, man müsse sich abmühen und geduldig auf Gott warten, um diese Erfahrung zu machen. Sie glauben, Gott taufe uns nach eigenem Ermessen und wir hätten keine Kontrolle darüber. Diese Vorstellung beruht auf einer Fehlinterpretation von Apostelgeschichte 1,4–5:

> *Und als er mit ihnen zusammen war, gebot er ihnen, nicht von Jerusalem zu weichen, sondern die Verheißung des Vaters abzuwarten, die ihr [– so sprach er –] von mir vernommen habt, denn Johannes hat mit Wasser getauft, ihr aber sollt mit Heiligem Geist getauft werden nicht lange nach diesen Tagen. — Apostelgeschichte 1,4–5*

Jesus befahl seinen Jüngern, auf die Taufe im Heiligen Geist zu warten, weil der Heilige Geist zu diesem Zeitpunkt noch nicht auf die Erde ausgegossen worden war. »*Und als der Tag der Pfingsten sich erfüllte, waren sie alle einmütig beisammen. … Und sie wurden alle vom Heiligen Geist erfüllt …*« (Apg 2,1.4). Pfingsten war Gottes festgesetzter Zeitpunkt, den Heiligen Geist auszugießen. Und da er uns seitdem dauerhaft gegeben ist, besteht kein Grund mehr, weiter auf ihn zu warten.

Als ich im Heiligen Geist getauft werden wollte, erklärte man mir, ich müsse mich zuerst reinigen, bevor ich ihn empfangen könne. In meinem fehlgeleiteten Versuch, »rein genug« zu werden, schrieb ich auf mehreren Seiten gehorsam jede Sünde auf, an die ich mich erinnern konnte. Religiöse Logik hatte mich zu der Denkweise verleitet: »Wenn ein Gefäß voller Steine ist, muss man es erst leeren, damit man es mit Wasser füllen kann.« Und: »Der Heilige Geist wird kein schmutziges Gefäß füllen.« Welch ein Unsinn!

Die Taufe im Heiligen Geist ist ein *Geschenk* und nicht etwas, das du dir durch eigene Bemühungen oder menschlich gewirkte Heiligkeit verdienen kannst (Lk 11,13). Wenn du fähig wärst, dich selbst von aller Sünde zu reinigen und vollkommen zu werden, bevor du den Heiligen Geist empfängst, brauchtest du ihn nicht mehr! Er ist derjenige, der dir die Kraft gibt, von deinen Lastern, schlechten Gewohnheiten, Abhängigkeiten und Begierden frei zu werden. Tatsächlich kannst du von allem befreit werden, wenn du die Kraft des Heiligen Geistes empfängst und von ihr Gebrauch machst.

Ein Herzenswunsch

Dein Wunsch nach der Taufe im Heiligen Geist muss von ganzem Herzen kommen. Wenn du davon überzeugt bist und hungrig danach, kannst du sie durch ein ganz einfaches Gebet empfangen. Bisweilen werden Menschen zu einem Gebet überredet, bevor sie wirklich dazu bereit sind. Doch manch einer braucht einfach Zeit, damit sein Hunger, zu empfangen, wachsen kann. Wo stehst du heute? Bist du von der Taufe im Heiligen Geist überzeugt und hast einen Hunger danach? Möchtest du den Heiligen Geist mit seiner Kraft von ganzem Herzen in dein Leben einladen?

Für mich war die Taufe im Heiligen Geist mein sehnlichster Wunsch. Ich dachte jedoch, ich müsse Gott beknien und dann abwarten. Dieses Missverständnis verstärkte meinen Hunger, zu empfangen, nur noch mehr. Als die Taufe dann endlich kam, war es einfach spektakulär! Da ich mich so lange danach gesehnt und ausgestreckt hatte, vergaß ich das Ganze nicht einfach wieder, nachdem ich zwei oder drei Mal in Sprachen geredet hatte! Über die Jahre hinweg habe ich dieses gewaltige Geschenk Gottes immer mehr zu schätzen gelernt. Ohne die Kraft Gottes würde ich nicht in dem Sieg und der Fülle leben, die ich heute genieße – und dafür bin ich Gott ewig dankbar!

Bist du bereit, dich dem Heiligen Geist ohne Vorbehalte anzuvertrauen? Hast du einen Hunger nach Gottes Kraft in deinem Leben? Vielleicht hast du sogar schon einmal ein entsprechendes Gebet gesprochen, warst aber noch nicht wirklich dazu bereit. Nachdem du nun aber diese Wahrheiten kennst und weißt, wie man Kraft empfängt – dir zudem bewusst bist, dass sogar Jesus die Taufe im Heiligen Geist für seinen Dienst brauchte und dass sie die Apostel vollkommen veränderte –, bist du bereit, die Taufe im Heiligen Geist zu empfangen.

Bitte, glaube und empfange!

Gott möchte, dass du mit der Kraft des Heiligen Geistes erfüllt bist, aber du musst dich im Glauben nach diesem Geschenk ausstrecken und es nehmen!

Denn jeder, der bittet, empfängt; und wer sucht, der findet; und wer anklopft, dem wird aufgetan. Welcher Vater unter euch wird seinem Sohn einen Stein geben, wenn er ihn um Brot bittet? Oder wenn [er ihn] um einen Fisch [bittet], gibt er ihm statt des Fisches eine Schlange? Oder auch wenn er um ein Ei bittet, wird er ihm einen Skorpion geben? Wenn nun ihr, die ihr böse seid, euren Kindern gute Gaben zu geben versteht, wie viel mehr wird der Vater im Himmel [den] Heiligen Geist denen geben, die ihn bitten! — Lukas 11,10–13

Wie viel mehr wird dein himmlischer Vater dir den Heiligen Geist in seiner Kraft geben! Bitte, glaube und empfange!

Wenn du bereit bist, dann bete jetzt laut und von ganzem Herzen folgendes Gebet:

Vater, ich will, dass mein Leben vollkommen dir gehört. Ich weiß, dass ich deine Kraft brauche, um mein Leben als Christ zu leben. Ich bin hungrig nach mehr von dir! Bitte taufe mich in deinem Heiligen Geist! Im Glauben empfange ich jetzt die Taufe im Heiligen Geist. Ich nehme dieses Geschenk an! Es gehört mir in Jesu Namen! Danke, Vater, dass du mir die Kraft des Heiligen Geistes gibst! Danke, Heiliger Geist, dass du nun kommst. Willkommen in meinem Leben!

Hör nicht auf, den Herrn für diese wunderbare Gabe zu preisen und ihm zu danken. Nimm dir jetzt einen Moment Zeit, um seine Gegenwart zu genießen, und sag ihm, wie sehr du ihn liebst.

Manche Menschen erleben die Taufe im Heiligen Geist als dramatisches Ereignis und andere spüren gar nichts, obwohl sie seine Kraft genauso empfangen haben. Es kommt aber nicht darauf an, wie du empfängst, sondern *dass* du empfängst. Lass nicht zu, dass der Teufel dir aufgrund von etwaigem Fehlen äußerer Manifestationen dieses Geschenk Gottes ausreden kann (Mt 13,19).

Wenn du während deines Gebetes in deinem Herzen geglaubt hast, dass du die Kraft des Heiligen Geistes empfängst, dann – so verspricht es dir das Wort Gottes – ist auch genau das geschehen. *»Darum sage ich euch: Alles, was ihr auch immer im Gebet erbittet, glaubt, dass ihr es empfangt, so wird es euch zuteilwerden!«* (Mk 11,24). Gott ehrt sein Wort immer. Glaub daran! Wenn du diesen Schritt im Glauben getan und die Anweisung Jesu befolgt hast, dann hast du die Taufe im Heiligen Geist empfangen.

Herzlichen Glückwunsch – du bist jetzt mit Gottes übernatürlicher Kraft erfüllt! Wenn du jetzt noch lernst, dir diese Kraft zunutze zu machen, wird dein Leben nie wieder dasselbe sein. In den folgenden Kapiteln werde ich näher auf eine wichtige Möglichkeit eingehen, wie du aus dieser Kraft schöpfen kannst.

KAPITEL 12

Das Reden in Sprachen

Gottes Wort offenbart uns, dass das Reden in anderen Sprachen, auch als Zungensprache oder Zungenrede bekannt, eines der ersten äußeren Anzeichen dafür ist, dass jemand die Taufe im Heiligen Geist empfangen hat.

Nachdem die Jünger Jesu den Heiligen Geist empfangen hatten, redeten sie sofort in anderen Sprachen.

> *Und als der Tag der Pfingsten sich erfüllte, waren sie alle einmütig beisammen. Und es entstand plötzlich vom Himmel her ein Brausen wie von einem daherfahrenden gewaltigen Wind und erfüllte das ganze Haus, in dem sie saßen. Und es erschienen ihnen Zungen wie von Feuer, die sich zerteilten und sich auf jeden von ihnen setzten. Und sie wurden alle vom Heiligen Geist erfüllt und fingen an, in anderen Sprachen zu reden, wie der Geist es ihnen auszusprechen gab.*
> *— Apostelgeschichte 2,1–4*

Als Petrus dem gesamten Haushalt des Kornelius das Evangelium predigte, empfingen alle sowohl Errettung als auch die Taufe im Heiligen Geist.

> *Während Petrus noch diese Worte redete, fiel der Heilige Geist auf alle, die das Wort hörten. Und alle Gläubigen aus der Beschneidung, die mit Petrus gekommen waren,*

gerieten außer sich vor Staunen, dass die Gabe des Heiligen Geistes auch über die Heiden ausgegossen wurde. Denn sie hörten sie in Sprachen reden und Gott hochpreisen. — Apostelgeschichte 10,44–46

Die Sprachen- oder Zungenrede war ein äußerlich sichtbarer Beweis dafür, dass diese gerade Gläubiggewordenen die Kraft des Heiligen Geistes wahrhaftig empfangen hatten.

Petrus führte diese Tatsache an, um den restlichen jüdischen Gläubigen (die nicht persönlich anwesend waren) zu beweisen, dass diese Heiden tatsächlich wiedergeboren worden waren.

Als ich aber zu reden anfing, fiel der Heilige Geist auf sie, gleichwie auf uns am Anfang. Da gedachte ich an das Wort des Herrn, wie er sagte: Johannes hat mit Wasser getauft, ihr aber sollt mit Heiligem Geist getauft werden. Wenn nun Gott ihnen die gleiche Gabe verliehen hat wie auch uns, nachdem sie an den Herrn Jesus Christus gläubig geworden sind, wer war ich denn, dass ich Gott hätte wehren können? Als sie aber das hörten, beruhigten sie sich und priesen Gott und sprachen: So hat denn Gott auch den Heiden die Buße zum Leben gegeben! — Apostelgeschichte 11,15–18

Paulus diente den Gläubigen in Ephesus, die sich durch Apollos zu Christus bekehrt hatten, mit der Taufe im Heiligen Geist. »*Und als Paulus ihnen die Hände auflegte, kam der Heilige Geist auf sie, und sie redeten in Sprachen und weissagten*« (Apg 19,6). Die Sprachenrede bzw. Zungensprache kommt mit der Taufe im Heiligen Geist!

Für jeden geistgetauften Christen

Philippus predigte das Evangelium in Samaria. Als die Menschen dort seine Botschaft hörten und die Wunder sahen, die er vollbrachte, glaubten viele an Jesus (Apg 8,5–8). Später kamen Petrus und Johannes, um ihnen mit der Taufe im Heiligen Geist zu dienen (Apg 8,14–17), woraufhin die Gläubigen von Samaria den Heiligen Geist empfingen. Als jedoch einer der Neubekehrten, der zuvor ein professioneller Zauberer gewesen war, sah, wie die Leute um ihn herum durch Auflegen der Hände empfingen und in anderen Sprachen zu reden begannen, begehrte er aus selbstsüchtiger Machtlust diese Gabe, anderen die Hände aufzulegen und ihnen den Heiligen Geist zu verleihen, auch für sich. Petrus und Johannes wiesen ihn scharf dafür zurecht, Gottes Gabe kaufen zu wollen (Apg 8,18–24).

Diejenigen, die sich gegen die Sprachenrede bzw. Zungensprache als ursprünglichen Beweis für die Taufe im Heiligen Geist aussprechen, stützen sich in dem Versuch, ihre These zu untermauern, auf eben dieses achte Kapitel aus der Apostelgeschichte. Doch auch wenn diese Schriftstelle nicht direkt aussagt, dass die Menschen von Samaria in anderen Sprachen redeten, so gibt es immer noch viele Hinweise, die darauf schließen lassen, dass es genau so gewesen sein muss. Denn in jedem anderen Fall in der Apostelgeschichte, wo von der Taufe im Heiligen Geist die Rede ist, taucht auch immer das Reden in Sprachen auf. Auch der gerade bekehrte Zauberer *sah etwas*, als die Menschen die Taufe mit dem Heiligen Geist empfingen, etwas, das ihn dazu veranlasste, den Aposteln Geld als Kaufpreis für die übernatürliche Fähigkeit anzubieten, selbst auch den Heiligen Geist verleihen zu können (Vers 18). Wenn man also eine Einheitlichkeit in den Aussagen der Bibel aufrechterhalten will, muss es sich bei dieser äußerlich wahrnehmbaren

Demonstration der Kraft Gottes um die Sprachen- oder Zungenrede gehandelt haben.

Das Reden in anderen Sprachen ist ein unmittelbar hörbarer Ausdruck des Heiligen Geistes und steht jedem im Geist getauften Gläubigen zur Verfügung. Damit können wir unter Beweis stellen, dass wir die Kraft des Heiligen Geistes empfangen haben. Doch diese von Gott geschenkte Sprache wird sich nicht automatisch oder mit Gewalt ihren Weg aus deinem Mund bahnen, nur weil du im Heiligen Geist getauft wurdest. Der Heilige Geist wird dich nie dazu zwingen, irgendetwas gegen deinen Willen zu tun. Deshalb musst du dich dafür entscheiden, in Sprachen zu reden.

Von der Dunkelheit ins Licht

Ich selbst bin in die Taufe im Heiligen Geist gewissermaßen »hineingestolpert«. Ich hatte den Herrn von ganzem Herzen gesucht und ihn angefleht, mich mit seiner Kraft zu erfüllen. Am 23. März 1968 beantwortete er mein Gebet auf dramatische Weise und taufte mich im Heiligen Geist. Zu dieser Zeit war mir jedoch nicht bewusst, was sich da ereignet hatte, weil ich nie darüber gelehrt worden war und ich deshalb keine Ahnung hatte. Ich wusste nur, dass ich nach dieser persönlichen, innigen Begegnung mit Gott mit seiner übernatürlichen Kraft erfüllt war.

Augenblicklich durchflutete mich Offenbarungserkenntnis – ein von Gott direkt offenbartes Wissen. Vor der Taufe im Heiligen Geist musste ich dem vertrauen, was der Prediger mir vermittelte. Ich nahm einfach an, dass es die Wahrheit war, doch in meinem Herzen besaß ich weder Gewissheit noch eigenes Verständnis. Ich folgte einfach dem Beispiel der Prediger und tat, was mir gesagt wurde. Dann empfing ich den Heiligen Geist, und der Eine, der die

Bibel geschrieben hatte, begann sie mir persönlich zu erklären. Er fing an, meinem Herzen Dinge zu offenbaren. Anstatt Information von außen zu bekommen, lehrte mich nun Gott selbst von innen heraus! Johannes 14,26 beschreibt dies so: *»Der Beistand aber, der Heilige Geist, den der Vater senden wird in meinem Namen, der wird euch alles lehren und euch an alles erinnern, was ich euch gesagt habe.«* Der Unterschied war wie Tag und Nacht!

Aber ich empfing nicht nur diese Offenbarungserkenntnis, sondern ich wurde auch kühn und leidenschaftlich für den Herrn. Ständig wurde ich von Gottes gewaltiger Liebe und seiner herrlichen Gegenwart überwältigt. War es für mich früher eine religiöse Pflicht gewesen, von meinem Glauben Zeugnis zu geben, so wurde daraus nun eine tägliche Freude. Und wenn ich für Kranke betete, empfingen sie Heilung. Aber diese wunderbaren Dinge brachten auch einige Probleme mit sich. So wurde ich zum Beispiel wegen meiner neu entdeckten Leidenschaft aus meiner Gemeinde hinausgeworfen!

Religiöse Vorurteile überwinden

Alles wies darauf hin, dass ich im Heiligen Geist getauft worden war, außer dass ich nicht in Sprachen oder Zungen redete. Weshalb nicht? Weil man mich dagegen gelehrt hatte! Die Gemeinde, in der ich aufgewachsen war, glaubte nicht an die Taufe im Heiligen Geist und dachte, die Zungensprache käme vom Teufel. Unwissenheit und falsche Lehre hatten mich zum Gegner dieser Gabe gemacht. Obwohl mir die Zungensprache zur Verfügung stand, hielten mich Angst und negative Gefühle davon ab, von ihr Gebrauch zu machen.

Es brauchte längere Zeit, bis ich meine Denkweise hinsichtlich meiner neuen Beziehung zum Heiligen Geist mit dem Wort Gottes in Übereinstimmung gebracht hatte. So fand ich erst zweieinhalb Jahre nach meiner Taufe im Heiligen Geist heraus, dass die Zungensprache eine wertvolle Gabe Gottes für mein Leben war. Und weitere sechs Monate mussten vergehen, bis ich genügend Verständnis hatte, um mich dem Heiligen Geist völlig hinzugeben und dann auch tatsächlich in Zungen zu sprechen. Erst als ich wirklich verstand, was das Wort Gottes über diese Gabe sagt, war mein Glaube stark genug, sie auch zu benutzen (Röm 10,17).

Wären nicht meine religiösen Vorurteile gewesen, hätte ich schon gleich nach meiner Taufe im Heiligen Geist in Zungen sprechen können. Doch meine in Unglauben verwurzelten Gedanken hinderten mich daran, in den Genuss dieser Gabe Gottes zu kommen. Tatsächlich konnte ich so lange nicht in Zungen sprechen, bis ich alle negativen Gedanken überwunden hatte und mich selbst dazu brachte, freiwillig einen Schritt im Glauben zu machen. Sobald ich dann aber in Zungen sprach, veränderte sich mein Leben noch einmal dramatisch, genauso wie an dem Tag, als ich den Heiligen Geist empfing!

In Zungen zu sprechen ist kein Muss, sondern ein *Geschenk*! Abgesehen davon gibt es keinen guten Grund, warum du es nicht tun solltest! Die Zungensprache setzt Gottes Kraft in deinem Leben frei und steht jedem Christen zur Verfügung, der den Heiligen Geist empfangen hat. Wenn du nicht in Zungen sprichst, entgeht dir etwas!

KAPITEL 13

Ein aktuelles Argument

Gottes Wort lehrt klar, dass die Gabe der Sprachenrede bzw. Zungensprache für die Zeit heute ist. Das geht am deutlichsten aus den Kapiteln 12, 13 und 14 des 1. Korintherbriefs hervor, den drei Kapiteln der Bibel, die sich spezifisch mit den Gaben des Heiligen Geistes beschäftigen. Neben der Zungensprache werden hier auch die anderen Gaben erwähnt: das Wort der Weisheit, das Wort der Erkenntnis, Glaube, Gaben der Heilung, Wunderwirkungen, Weissagung, Unterscheidungen der Geister und Auslegung der Zungensprache (1Kor 12,8–10). Ein vertiefendes Studium dieser einzelnen Gaben an sich wäre zwar faszinierend, würde jedoch den Rahmen dieses Buches sprengen.

Die Ortsgemeinde in Korinth war eine der fleischlichsten und somit weltlichsten Gemeinden des ganzen Neuen Testaments. Einer der Männer dort beging Inzest mit der Frau seines Vaters (1Kor 5,1). Gläubige verklagten einander vor Gericht (1Kor 6,1.6–7). Durch Vorlieben für bestimmte Lehrer des Wortes entstand Spaltung (1Kor 3,3–5). Das Abendmahl war von Völlerei und Trunksucht geprägt (1Kor 11,20–22). In den Gottesdiensten gaben Menschen in Zungensprache Botschaften weiter, ohne dass anschließend eine Auslegung erfolgte (1Kor 14,26–28). Paulus wies die Korinther für ihre Unreife und Sündhaftigkeit zurecht.

Diese Christen aus Korinth waren *trotz* der Gaben des Geistes fleischlich und nicht aufgrund dieser Gaben! Anzunehmen, dass die geistlichen Gaben schlecht für uns seien, nur weil die Korinther so viele Probleme hatten, wäre falsch. Tatsächlich ist das genaue Gegenteil wahr: Obwohl die Gaben des Geistes keine sofortige Reife gewährleisten, fördern sie dennoch das geistliche Wachstum. Deshalb riet Paulus auch diesem fleischlichen, sündhaften »Haufen« drei Mal: *»Strebt aber eifrig nach den vorzüglicheren Gnadengaben …«* (1Kor 12,31;14,1;14,39). Paulus wusste, dass diese Gaben ihnen in ihrem Reifeprozess helfen würden. Wenn das nicht ein gutes Argument dafür ist, in Zungen zu sprechen!

Wem schenkst du dein Vertrauen?

Eines Tages unterhielt ich mich mit einer Frau über den Herrn. Ich führte an ihrer Hausfassade gerade Malerarbeiten aus. Als sie mich fragte, warum ich die Baptistengemeinde verlassen hätte, erklärte ich ihr, dass ich aus meiner Gemeinde hinausgeworfen worden sei, nachdem ich die Taufe im Heiligen Geist empfangen hatte.

»Reden Sie hier von der Zungensprache?«, wollte die Frau wissen.

»Ja«, erwiderte ich, »das gehört auch dazu. Ich spreche tatsächlich in Zungen und deshalb wurde ich gebeten, meine Gemeinde zu verlassen.«

Sie überlegte einen Moment und meinte dann höflich: »Ja, meine Gemeinde hätte Sie auch hinausgeworfen.«

Ich fragte: »Warum?«, und zeigte ihr 1. Korinther 14,39. »Die Bibel sagt hier ganz klar: ›*… das Reden in Sprachen verhindert nicht.*‹«

Ich werde ihre Antwort nie vergessen. Ohne Umschweife erklärte sie mir: »Nun, es gibt viele Dinge in der Bibel, an die unsere Gemeinde nicht glaubt!«

Damit war mir klar, dass ich mit ihr nicht weiter darüber sprechen konnte, denn Gottes Wort war in ihrem Leben als Christin nicht die endgültige Autorität. Wie so viele andere Christen hatte auch sie sich dafür entschieden, den Lehren ihrer Konfession mehr Glauben zu schenken als dem Wort Gottes. Aus diesem Grund bleibt 1. Korinther 13 in Bezug auf die Gaben des Heiligen Geistes bis heute eines der am meisten missverstandenen Kapitel der Bibel!

Besser in Liebe

Die Gaben des Heiligen Geistes müssen in Liebe ausgeübt werden. Das erklärt auch, warum Paulus sein berühmtes Kapitel über die Liebe (1Kor 13) mit den Worten einleitet: *»Strebt aber eifrig nach den vorzüglicheren Gnadengaben, und ich will euch einen noch weit vortrefflicheren Weg zeigen«* (1Kor 12,31). Manche Menschen leiten aus diesem Vers die Behauptung ab, Liebe sei ein Weg, der weit über die Gaben des Heiligen Geistes hinausgehe. Doch aus dem Zusammenhang ist klar zu erkennen, dass alles, was Paulus in Kapitel 13 im Hinblick auf Liebe anmerkt, sich spezifisch auf die Ausübung der Gaben des Heiligen Geistes bezieht, von der im vorausgehenden Kapitel 12 und dem nachfolgenden Kapitel 14 die Rede ist. Paulus vertritt nicht den Standpunkt, Liebe sei besser als geistliche Gaben, sondern den, dass es besser ist, die Gaben in Liebe als ohne Liebe zu gebrauchen.

Der Heilige Geist kontrolliert dich nicht wie eine Marionette! Er führt, leitet und inspiriert dich, in Zungen zu sprechen und die anderen Gaben auszuüben, doch letztendlich bist du derjenige, der es tut. Deshalb ist es auch möglich, diese Gaben fleischlich zu benutzen, Fehler zu machen und nicht von Liebe motiviert zu sein.

> *Wenn ich in Sprachen der Menschen und der Engel redete, aber keine Liebe hätte, so wäre ich ein tönendes Erz oder eine klingende Schelle. Und wenn ich Weissagung hätte und alle*

Geheimnisse wüsste und alle Erkenntnis, und wenn ich allen Glauben besäße, so dass ich Berge versetzte, aber keine Liebe hätte, so wäre ich nichts. — 1. Korinther 13,1–2

Egal, welche Gabe du ausübst – Sprachenrede bzw. Zungensprache, Weissagung, Glaube usw. –, wenn es nicht mit dem richtigen Motiv geschieht, hat das, was du tust, überhaupt keinen Nutzen. Lass deshalb Liebe das Motiv sein, wenn du die Gaben gebrauchst – das gilt auch für die Sprachenrede!

Tatsächlich sollte alles, was wir tun, von Gottes Liebe motiviert sein. »*Und wenn ich alle meine Habe austeilte und meinen Leib hingäbe, damit ich verbrannt würde, aber keine Liebe hätte, so nützte es mir nichts*« (1Kor 13,3). Ob du den Gottesdienst besuchst, weil du denkst, du müsstest es, oder ob du aus reiner Verpflichtung etwas ins Opfer gibst – wenn es nicht aus Liebe geschieht, so nützt es dir nichts. Aus Gottes Sicht ist dein Motiv wichtiger als deine Handlung.

Bis das Vollkommene kommt

Menschen, die die Taufe im Heiligen Geist ablehnen, verdrehen 1. Korinther 13,8–10, um ihre Auffassung zu stützen, dass die Sprachenrede zusammen mit der frühen Gemeinde »dahingeschieden« sei.

Die Liebe hört niemals auf. Aber seien es Weissagungen, sie werden weggetan werden; seien es Sprachen, sie werden aufhören; sei es Erkenntnis, sie wird weggetan werden. Denn wir erkennen stückweise und wir weissagen stückweise; wenn aber einmal das Vollkommene da ist, dann wird das Stückwerk weggetan. — 1. Korinther 13,8–10

Ihr Argument ist, dass Gott die Gaben des Heiligen Geistes (unter anderem auch die Sprachenrede, Weissagung, die Gabe der Heilung und Wunderwirkungen) der frühen Gemeinde nur deshalb zur Verfügung stellte, weil die Bibel noch nicht geschrieben worden war. Mit der Behauptung, die Bibel sei »das Vollkommene«, das kommen sollte, rechtfertigen sie ihre Schlussfolgerung, dass Gott heute auf diese Weise nicht mehr wirke. Unsinn!

Wenn man diese Schriftstelle im Kontext liest, kann man leicht erkennen, was sie wirklich aussagt. Erinnern wir uns daran, dass Paulus über ganze drei Kapitel hinweg (1Kor 12–14) die angemessene Ausübung der Gaben des Heiligen Geistes behandelt. Zu Beginn von Kapitel 13 betont Paulus in den Versen 1–3 ausdrücklich, dass die Gaben in Liebe gebraucht werden sollen. Die Verse 4–7 beschreiben, wie das aussieht. In Vers 8 stellt das Wort Gottes dann fest, dass mit den Sprachen (oder Zungen) auch Erkenntnis aufhören wird. Da wir gerade im sogenannten Informationszeitalter leben, wissen wir, dass dies noch nicht geschehen ist. Tatsächlich sagt Gottes Wort in Daniel 12,4 voraus, dass in der Endzeit die Erkenntnis dramatisch zunehmen wird.

> *Denn wir erkennen stückweise und wir weissagen stückweise; wenn aber einmal* ***das Vollkommene*** *da ist, dann wird das Stückwerk weggetan. Als ich ein Unmündiger war, redete ich wie ein Unmündiger, dachte wie ein Unmündiger und urteilte wie ein Unmündiger; als ich aber ein Mann wurde, tat ich weg, was zum Unmündigsein gehört. Denn wir sehen jetzt mittels eines Spiegels wie im Rätsel,* ***dann*** *aber von Angesicht zu Angesicht; jetzt erkenne ich stückweise,* ***dann*** *aber werde ich erkennen, gleichwie ich erkannt bin. — 1. Korinther 13,9–12*

Die Formulierung »dann aber« in Vers 12 bezieht sich auf den Anfang von Vers 10, wo es heißt: »… wenn einmal das Vollkommene da ist«. Zu dem Zeitpunkt, wenn das Vollkommene da ist, werden wir Jesus von Angesicht zu Angesicht sehen. Da das aber entweder erst bei der Wiederkunft des Herrn sein wird oder dann, wenn wir sterben und danach bei ihm sind, hat auch die Sprachenrede bzw. Zungensprache noch nicht aufgehört.

Der Begriff »das Vollkommene« bezieht sich auf unseren verherrlichten Körper und nicht auf die Bibel. Zwar ist die Bibel vollkommen – von Gott inspiriert und unfehlbar –, aber darauf verweist diese Formulierung nicht. Wenn wir unseren verherrlichten Körper empfangen, werden wir nicht länger wie in einem trüben Spiegel sehen und nur stückweise erkennen. In unserem verherrlichten Körper werden wir Jesus dann von Angesicht zu Angesicht sehen und ihn erkennen, wie auch wir von ihm erkannt worden sind – vollkommen. Bis dahin wurde uns die Sprachenrede bzw. Zungensprache gegeben, um ihn besser und tiefer kennenzulernen. In unserem verherrlichten Körper werden wir weder die Zungensprache noch die anderen Gaben des Heiligen Geistes brauchen, die uns den Herrn offenbaren – Weissagung, Worte der Weisheit, Unterscheidung der Geister, Auslegung der Sprachenrede usw. –, da wir ihn dann bereits vollkommen kennen.

Gerade die Schriftstellen, die von einigen benutzt werden, um die Gaben des Heiligen Geistes abzulehnen, beweisen in Wirklichkeit ihre heutige Gültigkeit! Solange unsere Gotteserkenntnis unvollkommen ist, werden die Geistesgaben aktiv sein. Bis wir Jesus in unserem verherrlichten Körper von Angesicht zu Angesicht sehen, müssen wir in Zungen sprechen. Da das Vollkommene erst noch kommt, bleibt die Wunder wirkende Kraft Gottes heute weiterhin auf der Erde aktiv, wie schon zur Zeit der ersten Gemeinde. Man braucht schon eine durch Voreingenommenheit und Religiosität beeinträchtigte Denkweise, um diese Schriftstellen ehrlichen Herzens zu betrachten und daraus zu folgern: »Gottes übernatürliche, Wunder wirkende Kraft existiert heute nicht mehr!« *»Also, ihr Brüder, strebt danach, zu weissagen, und das Reden in Sprachen verhindert nicht«* (1Kor 14,39).

Der übernatürliche Beweis

Warum bekämpfen einige Menschen so hartnäckig das Wort Gottes, das bezeugt, dass die Taufe im Heiligen Geist und Gottes übernatürliche Kraft auch heute noch aktuell sind? Die beiden Hauptgründe dafür sind falsche Lehre und die Ablehnung persönlicher Verantwortung. Lehrmeinungen von Menschen können Gottes Wort außer Kraft setzen. Das geschieht dann, wenn religiöse Traditionen über Gottes Wort gesetzt werden (Mk 7,13). Der andere Grund ist die Angst davor, schriftgemäße Resultate produzieren zu müssen. Wenn man bekennt, dass man an die Taufe im Heiligen Geist, an Zungensprache, Dämonenaustreibung, Heilung und Wunder glaubt, setzt einen das unter Druck, diese Dinge auch unter Beweis stellen zu müssen (Mk 16,17–18). Die meisten Menschen wollen eine derartige persönliche Verantwortung nicht akzeptieren.

Stattdessen verstecken sie sich hinter einer bequemen Theologie. Sie nennen sich »Christen« und bekennen schnell, dass ihre Sünden vergeben sind, während ihr Leben kaum einen Beweis für ihren Glauben liefert. Es ist leicht zu behaupten: »Meine Sünden sind vergeben«, weil man weder die Sünde noch deren Vergebung sehen kann. Wenn jedoch Wunder wirklich zu einem Leben als Christ dazugehören, dann können wir Dinge tun, die ihre Realität auch beweisen. Wir können zum Beispiel in Zungen sprechen, Dämonen austreiben, erleben, wie sich blinde Augen und taube Ohren öffnen, oder sogar jemanden von den Toten auferwecken. (Ich persönlich habe alle diese Dinge oft getan und kenne viele andere, die sie auch getan haben – Gott gebührt alle Ehre dafür.) Viele Menschen entscheiden sich dafür, nur das zu glauben, was Gottes Wort über Vergebung sagt, und den Rest ignorieren sie ganz einfach. Sie ziehen sich auf die Position zurück, dass ihnen schließlich alles vergeben worden sei, und verteidigen damit ihr fleischliches, ichbezogenes, vor dem Fernseher verbrachtes Leben. Vielleicht sind diese Menschen wirklich wiedergeboren, vielleicht aber auch nicht – wer weiß?

Jesus benutzte Wunder, um Errettung unter Beweis zu stellen. Er fragte:

> *Was ist leichter, zu dem Gelähmten zu sagen: Dir sind die Sünden vergeben! oder zu sagen: Steh auf und nimm deine Liegematte und geh umher? Damit ihr aber wisst, dass der Sohn des Menschen Vollmacht hat, auf Erden Sünden zu vergeben – sprach er zu dem Gelähmten: Ich sage dir, steh auf und nimm deine Liegematte und geh heim! — Markus 2,9–11*

Von ungläubigen, religiösen Leitern konfrontiert, stellte Jesus ihnen die Frage, was schwerer zu sagen sei: »Dir sind deine Sünden vergeben« oder: »Nimm deine Liegematte und geh umher«? Niemand kann die Vergebung einer Sünde sehen, doch jeder in diesem überfüllten Raum, einschließlich der Pharisäer, war imstande zu sehen, ob dieser Mann geheilt wurde oder nicht. Entweder stand er auf und ging oder Jesu Worte waren ein einziger Hohn. Deshalb war es eindeutig schwerer zu sagen: »Nimm deine Liegematte und geh umher!«

Die Menschen wussten: Konnte Jesus das Schwierigere vollbringen, dann konnte er sicherlich auch das Leichtere tun. *»Und er stand sogleich auf, nahm seine Liegematte und ging vor aller Augen* *hinaus, so dass sie alle erstaunten, Gott priesen …«* (Mk 2,12). Jesus benutzte die Tatsache, dass er den Körper eines Menschen heilen und auf der sichtbaren Ebene Wunder wirken konnte, als Beweis dafür, dass er auch Dinge auf der geistlichen Ebene – wie zum Beispiel die Vergebung von Sünden – bewirken konnte.

Viele Menschen verstecken sich hinter der falschen Lehre, dass Wunder heute nicht mehr existieren. Dadurch können sie von sich behaupten, in einer Beziehung zu Gott zu stehen, ohne diesen Umstand jemals unter Beweis stellen zu müssen. Das ist nichts weiter als eine bequeme Theologie! Die Wahrheit ist, dass Gott noch heute Wunder tut und dass wir in Zungen sprechen sollen, bis wir unseren verherrlichten Körper empfangen werden!

KAPITEL 14

Erbaue dich!

Der Hauptgrund für die Sprachenrede ist die Förderung unseres persönlichen geistlichen Wachstums. »*Denn wer in Sprachen redet, der redet nicht für Menschen, sondern für Gott; denn niemand versteht es, sondern er redet Geheimnisse im Geist. … Wer in einer Sprache redet, erbaut sich selbst*« (1Kor 14,2.4). Wenn wir in Sprachen oder Zungen, also im Geist zu Gott reden – was Gebet ist –, bauen wir uns selber geistlich auf.

Durch das Reden in Sprachen bleiben wir auch fest in der Liebe Gottes. »*Ihr aber, Geliebte, erbaut euch auf euren allerheiligsten Glauben und betet im Heiligen Geist; bewahrt euch selbst in der Liebe Gottes und hofft auf die Barmherzigkeit unseres Herrn Jesus Christus zum ewigen Leben*« (Jud 20–21). Gottes Liebe zu dir verändert sich nie, wie du sie erfährst hingegen schon. Im Heiligen Geist zu beten, also in Sprachen bzw. Zungen zu reden, hilft dir, etwas zu tun, das in deiner Verantwortung liegt: dir Gottes unerschöpflicher Liebe bewusst zu bleiben und sie zu genießen.

Die Sprachenrede verschafft uns zudem Ruhe und geistliche Erfrischung. »*So wird auch Er zu diesem Volk durch stammelnde Lippen und durch eine fremde Sprache reden, er, der zu ihnen gesagt hatte: ›Das ist die Ruhe! Erquickt den Müden! Und das ist die Erquickung‹*« (Jes 28,11–12). Dein Geist ist der Teil von dir, in dem Gott lebt. Er ist vollkommen neu erschaffen, rein, gerecht und heilig. Wenn wir in Sprachen reden, setzen wir diese Ruhe und

Erfrischung, die in unserem Geist bereits vorhanden sind, in unserer Seele und unserem Körper frei.

Ich selbst ermutige mich, indem ich in Sprachen rede. Wann immer ich mich müde oder entmutigt fühle, bete ich im Geist, bis sich Ruhe und Erfrischung einstellen. Trotz negativer Umstände und Emotionen setze ich meinen Glauben ein, um so lange in Sprachen zu beten, bis ich mir der Liebe Gottes wieder bewusst bin und sie genießen kann.

Wenn wir einmal entdeckt haben, dass wir jederzeit im Geist beten können, haben wir keinerlei Entschuldigung mehr, deprimiert zu sein!

Vollkommenes Gebet

Wenn du in Sprachen betest, kann dein natürlicher Verstand das nicht erfassen! »*Denn wenn ich in einer Sprache bete, so betet zwar mein Geist, aber mein Verstand ist ohne Frucht*« (1Kor 14,14). Solange keine Auslegung des Sprachengebets erfolgt, weiß dein Verstand nicht, was dein Geist betet.

Dein Geist hat den Sinn bzw. das Denken Christi. »›*Denn wer hat den Sinn des Herrn erkannt, dass er ihn belehre?*‹ *Wir aber haben den Sinn des Christus*« (1Kor 2,16). Dein Geist weiß alle Dinge! »*Und ihr habt die Salbung von dem Heiligen und wisst alles*« (1Joh 2,20). »*... und den neuen (Menschen) angezogen habt, der erneuert wird zur Erkenntnis, nach dem Ebenbild dessen, der ihn geschaffen hat*« (Kol 3,10). Deshalb versteht es dein Geist immer, für jede Situation, für dich selbst und für andere perfekt zu beten.

Es besteht ein großer Unterschied zwischen Gebet im Geist und Gebet mit dem Verstand. Für unseren natürlichen Verstand ist es typisch, dass er nur unvollständig informiert ist. Es mangelt ihm an einer umfassenden Kenntnis von Gottes Wort, der Situation und der beteiligten Personen. Deshalb können wir mit unserem Intellekt auch nicht mit hundertprozentiger Vollständigkeit und Genauigkeit beten. Da unser Geist jedoch alles weiß, ist es unmöglich, in Sprachen zu beten, ohne dabei Gottes Willen zu beten!

Manchmal benutzt der Heilige Geist unser Sprachengebet auch, um für jemand anderen Fürbitte zu tun. *»Ebenso kommt aber auch der Geist unseren Schwachheiten zu Hilfe. Denn wir wissen nicht, was wir beten sollen, wie sich's gebührt; aber der Geist selbst tritt für uns ein mit unaussprechlichen Seufzern. Der aber die Herzen erforscht, weiß, was das Trachten des Geistes ist; denn er tritt so für die Heiligen ein, wie es Gott entspricht«* (Röm 8,26–27). Das ist besonders hilfreich, wenn wir in unserem Verstand nicht wissen, wie wir für eine bestimmte Person oder Situation beten sollen.

Wenn wir in Sprachen reden, sprechen wir die verborgene Weisheit Gottes. Paulus empfing die Offenbarung für alle Botschaften, die er predigte, durch Sprachenrede. *»Wir reden allerdings Weisheit unter den Gereiften; aber nicht die Weisheit dieser Weltzeit, auch nicht der Herrscher dieser Weltzeit, die vergehen, sondern wir reden Gottes Weisheit im Geheimnis, die verborgene, die Gott vor den Weltzeiten zu unserer Herrlichkeit vorherbestimmt hat«* (1Kor 2,6–7). *»Denn wer in Sprachen redet, der redet nicht für Menschen, sondern für Gott; denn niemand versteht es, sondern er redet Geheimnisse im Geist«* (1Kor 14,2). Wenn Paulus Gottes Geheimnisse in Sprachen redete, also in Zungen sprach, baute er sich selbst im Geist auf und empfing von Gott offenbarte Erkenntnis. Auch wir werden, wenn wir in Sprachen reden, geistlich aufgebaut und empfangen Offenbarungserkenntnis.

KAPITEL 15

Auslegung

Wenn wir in Sprachen reden, können wir Gott auch um die Auslegung bitten. *»Darum: Wer in einer Sprache redet, der bete, dass er es auch auslegen kann«* (1Kor 14,13). Was wir an Geheimnissen und verborgener Weisheit Gottes aussprechen, wenn wir im Geist beten, übersteigt die natürlichen Fähigkeiten unseres Verstandes. Doch wenn wir Gott fragen, wird er uns auf übernatürliche Weise die Auslegung geben.

Wird die Gabe der Sprachenrede öffentlich in einer Gemeinde gebraucht, verlangt dies immer eine Auslegung. *»Wenn jemand in einer Sprache reden will, so sollen es zwei, höchstens drei sein, und der Reihe nach, und einer soll es auslegen. Ist aber kein Ausleger da, so schweige er in der Gemeinde; er mag aber für sich selbst und für Gott reden«* (1Kor 14,27–28). Wenn nach einer laut ausgesprochenen Sprachenrede keine Auslegung kommt, wird derjenige von so manchem für nicht ganz bei Trost gehalten werden! *»Wenn nun die ganze Gemeinde am selben Ort zusammenkäme, und alle würden in Sprachen reden, und es kämen Unkundige oder Ungläubige herein, würden sie nicht sagen, dass ihr von Sinnen seid?«* (1Kor 14,23).

Einigen Gliedern des Leibes Christi – der Gemeinde – ist die Gabe der Sprachenauslegung für öffentliche Zwecke gegeben.

> *Ihr aber seid [der] Leib des Christus, und jeder ist ein Glied [daran] nach seinem Teil. Und Gott hat in der Gemeinde etliche eingesetzt, erstens als Apostel, zweitens*

als Propheten, drittens als Lehrer; sodann Wunderkräfte, dann Gnadengaben der Heilungen, der Hilfeleistung, der Leitung, verschiedene Sprachen. Sind etwa alle Apostel? Sind etwa alle Propheten? Sind etwa alle Lehrer? Haben etwa alle Wunderkräfte? Haben alle Gnadengaben der Heilungen? Reden alle in Sprachen? Können alle auslegen?
— 1. Korinther 12,27–30

Manche Leute verstehen 1. Korinther 12,29–30 falsch und glauben deshalb, diese Bibelstelle sage aus, dass nicht jeder in Sprachen reden sollte. Doch Markus 16,17–18 stellt fest: »*Diese Zeichen aber werden die begleiten, die gläubig geworden sind: In meinem Namen werden sie Dämonen austreiben, sie werden in neuen Sprachen reden, Schlangen werden sie aufheben, und wenn sie etwas Tödliches trinken, wird es ihnen nichts schaden; Kranken werden sie die Hände auflegen, und sie werden sich wohl befinden.*« Also kann jeder geistgetaufte Christ jederzeit zur persönlichen Erbauung in neuen Sprachen bzw. in Zungen reden. Darüber hinaus haben einige dann die Gabe, in einem Gottesdienst öffentlich eine Sprachenrede zu geben und/oder eine solche auch auszulegen.

Von Menschen und Engeln

Die Bibel unterscheidet zwischen zwei Arten von Sprachen: die Sprachen der Menschen und die der Engel. »*Wenn ich in Sprachen der Menschen und der Engel redete …*« (1Kor 13,1).

»Sprachen der Menschen« bezieht sich auf Sprachen, die auf dieser Erde gesprochen wurden oder noch gesprochen werden. Als die Jünger zu Pfingsten im Heiligen Geist getauft wurden, redeten sie in den Sprachen der Menschen (Apg 2,4–12). Es fand an jenem

Tag kein übernatürlicher Schnellkurs in Fremdsprachen statt, denn die Sprechenden hatten selbst keine Ahnung, was sie da sagten. Die Jünger studierten nicht all diese verschiedenen Sprachen ein, während sie im Obersaal auf die Verheißung des Herrn warteten! Unvermittelt wurden sie im Heiligen Geist getauft und ihre Sprachen wurden allen umstehenden Ungläubigen, die ihre jeweilige Muttersprache aus dem Mund der Jünger hörten, zu einem übernatürlichen Zeichen (1Kor 14,22)!

»Sprachen der Engel« sind himmlische Sprachen. Jeder geisterfüllte Christ kann in den Sprachen der Engel beten. Wenn wir Geheimnisse und die verborgene Weisheit Gottes sprechen, reden wir in einer Sprache der Engel.

Ob wir nun in einer Sprache der Menschen oder einer Sprache der Engel reden – wir können Gott jederzeit um eine Auslegung bitten!

Licht in meiner Kammer

Mein ganzes Leben veränderte sich, als ich lernte, Gott um die Auslegung meiner eigenen Sprachenrede zu bitten und darauf zu vertrauen, dass er sie mir auch gab! Ich weiß noch, wie ich Gott in der ersten Zeit, nachdem ich im Heiligen Geist getauft worden war und in Sprachen redete, zu meinem Herzen sprechen hörte und auf diese Weise Offenbarungserkenntnis zu fließen begann. Als ich anderen jedoch davon erzählte, was Gott mir in seinem Wort gezeigt hatte, kritisierten sie mich und machten mir klar, dass ich mich irrte; denn sie hatten diese Wahrheiten noch nie zuvor gehört. Ich fühlte mich isoliert und allein und war zwischen dem, was andere mir sagten, und dem, was ich in meinem Herzen hörte, völlig hin- und hergerissen. Inmitten all dieser Dinge suchte ich einfach nur immer weiter den Herrn.

Über ein halbes Jahr hinweg meditierte ich den ganzen Tag lang über Gottes Wort. Tag für Tag notierte ich mir handschriftlich Hunderte von Bibelstellen und richtete dabei meine Aufmerksamkeit auf jedes einzelne Wort und jeden einzelnen Satz. Nachdem ich auf diese Weise acht bis zehn Stunden pro Tag meditiert hatte, explodierte die Bedeutung von Gottes Wort förmlich in meinem Herzen. Aber mein Intellekt hatte alle Mühe zu verstehen. Also setzte ich mich in unseren Kleiderschrank, schob die Tür zu und betete ein, zwei weitere Stunden im Geist, also in Sprachen. Dort, am Boden unter meiner Kleidung sitzend, bat ich Gott, meinem natürlichen Verstand die Auslegung der Bibelstellen zu geben, die ich zuvor studiert hatte. Anschließend setzte ich mein Sprachengebet zur eigenen Erbauung fort.

Am Ende dieser sechs Monate wurde aus dem Rinnsal meiner Offenbarungserkenntnis plötzlich ein mächtig fließender Strom! Tatsächlich empfing ich in so kurzer Zeit dermaßen viel Offenbarung von Gott, dass ich ihn schließlich um eine Pause bat! Es war einfach mehr, als ich behalten konnte. Vieles von dem, was ich noch heute – viele Jahrzehnte später – lehre, ist ein Resultat dessen, was ich damals lernte. Und ich tat nichts weiter, als in Sprachen zu beten und auf Auslegung zu vertrauen!

An Verständnis zunehmen

Bei der Auslegung deines Sprachengebets zur persönlichen Erbauung geht es nur darum, dass du an Verständnis zunimmst. Wenn du für dich allein in Sprachen betest, musst du dich nicht unterbrechen und auf eine Auslegung in deiner Muttersprache warten. Die Methode, laut in Sprachen zu beten und dann auf die verständliche Auslegung zu warten, ist für öffentliche Anlässe gedacht. Eine

Auslegung kann aber auch auf andere Weise erfolgen. Letztendlich geht es darum, dass dein Verstand fruchtbar wird!

Gott ermutigte mich in diesem Zusammenhang durch ein Erlebnis, das ich gleich zu Anfang hatte, als all diese Dinge noch sehr neu für mich waren. Da ich so gründlich gegen das Sprachengebet gelehrt worden war, kämpfte ich noch immer mit Zweifeln, ob mein Beten im Geist wirklich nutzbringend war. Nachdem ich eines Morgens zwei Stunden lang in Zungen gebetet hatte, tauchte jemand an meiner Haustür auf, den ich seit vier Jahren nicht mehr gesehen hatte. Er klingelte, stürmte grußlos herein, ließ sich aufs Sofa fallen und brach in Tränen aus. Mein erster Gedanke war: »Ich hätte lieber in meiner Sprache beten sollen, anstatt den ganzen Morgen mit Sprachengebet zu verschwenden!« Doch dann dämmerte mir: »Wie hätte ich denn für diesen Mann überhaupt richtig beten können, wenn nicht in Zungen?« Mein Geist hatte schon perfekt gebetet!

Schluchzend versuchte dieser Mann mir seine Situation zu erklären. Mit einem Mal stieg Glaube in mir auf. Ich unterbrach ihn mitten im Satz und beschrieb dank Offenbarungserkenntnis den Rest seines Problems – und traf damit den Nagel genau auf den Kopf! Diese übernatürliche Demonstration von Gottes Kraft und Liebe setzte ihn vollkommen frei! Durch dieses Erlebnis bestätigte mir der Herr, dass ich für diese Situation bereits in Zungen gebetet hatte und nur noch die Auslegung zu geben brauchte! Was ich diesem Mann gesagt hatte, war die Auslegung meines Sprachengebets!

Pass auf deinen Kopf auf!

Während wir in Sprachen beten, kann unser Verstand durchaus mit etwas anderem beschäftigt sein. Weil unser Geist und nicht unser Intellekt betet, können unsere Gedanken umherschweifen. Wir können sogar über etwas nachdenken, das überhaupt nichts mit Gott zu tun hat. Deshalb lesen viele Menschen gerne die Bibel, hören sich christliche Musik oder eine Predigt an, während sie in Sprachen beten. Andere nutzen dafür die Zeit, in der sie ihrer Arbeit nachgehen, mit dem Auto unterwegs sind oder Haushaltsaufgaben erledigen. Ich selbst habe es mir angewöhnt, beim Sprachengebet auch gleichzeitig mit meinem Verstand zu beten.

Wenn ich manchmal über eine längere Zeit im Geist bete, kommen mir Menschen in den Sinn, an die ich seit Jahren nicht mehr gedacht habe. Anfangs schenkte ich dem keine Beachtung. Doch als diese Personen dann anriefen, mir Briefe schickten oder sogar an meiner Haustür auftauchten – wie besagter Mann –, wurde mir zunehmend klar, dass Gott mir Auslegungen schenkte. Sie kamen nicht immer wortwörtlich, sondern manchmal als Eindrücke, Bilder oder als Salbungen, also als besondere Kraftwirkungen Gottes. Wann immer ich wahrnahm, dass der Herr mir diese Menschen ins Gedächtnis rief, fing ich damit an, für sie zu beten. Ich ließ nicht davon ab und erlebte jedes Mal, dass Wunder geschahen!

Einmal, nachdem ich in Sprachen gebetet hatte, legte Gott mir aufs Herz, einen guten Freund anzurufen. Wir hatten seit Jahren keinen Kontakt mehr gehabt. Als ich mich am Telefon zu erkennen gab, legte er sofort auf. Seine Reaktion erschien mir merkwürdig, wusste ich doch, dass Gott mich zu diesem Anruf bewegt hatte. Während ich noch darüber nachdachte, klingelte mein Telefon. Es war niemand anderes als mein Freund! Vor meinem Anruf hatte er Gott gerade erklärt, dass er sein Leben immer dem Dienst an anderen hingegeben habe, aber jetzt, wo er selbst in Not sei, kümmere sich niemand um ihn. Er betete: »Herr, bitte schick mir jemanden, der mich ermutigt, oder ich gebe meinen Dienst auf!« Kaum hatte er diese Worte ausgesprochen, da klingelt auch schon sein Telefon und ich war am Apparat. Das hatte ihn so sehr verblüfft, dass er sofort wieder aufgelegt hatte! Diese ganze Begebenheit war durch die Auslegung eines Sprachengebets zustande gekommen.

Das Sprachengebet bzw. die Zungensprache können wir benutzen, wenn wir für Menschen beten, wenn wir in einer herausfordernden Situation Weisheit brauchen oder wir eine bestimmte Schriftstelle verstehen wollen. Konzentriere dich einfach auf die Person, Situation oder Schriftstelle und bete in Zungen darüber. Bitte den Herrn, während du betest, dir zu zeigen, was dein Gebet bedeutet. Auch wenn sich dieses Verständnis nicht immer genau im selben Moment einstellt, so wird Gott dir doch eine Auslegung geben.

Einer meiner Freunde betet immer in Zungen, bevor er in einem Gottesdienst predigt. Er zieht es vor, die Auslegung sofort zu empfangen, damit er im Voraus weiß, was Gott tun will, wer von welcher Krankheit geheilt werden wird usw. Ich persönlich möchte die Auslegung nicht auf der Stelle bekommen. Würde Gott mir schon eine Woche vor dem Gottesdienst übernatürlich mitteilen, was dort geschehen wird, käme mein Verstand zwischenzeitlich in Versuchung, die Situation zu analysieren und gedanklich alles in den Griff zu bekommen! Oft bete ich in Zungen, ohne in diesem Moment irgendetwas vom Herrn zu empfangen. Wenn ich es aber eine Woche oder einen Monat später brauche, bitte ich Gott um die Auslegung dessen, worüber ich in Sprachen gebetet habe. Zu diesem Zeitpunkt empfange ich dann durch den Heiligen Geist genau das, was ich brauche!

Wenn du im Glauben den Schritt tust, in Sprachen zu beten und Gott um Auslegung zu bitten, wirst auch du durch den Heiligen Geist genau das empfangen, was du brauchst!

KAPITEL 16

Fang an!

In Sprachen bzw. Zungen zu beten, ist nichts, was man nur einmal im Leben tut, um zu beweisen, dass man die Taufe im Heiligen Geist empfangen hat. Es ist ein mächtiges Hilfsmittel, um sich geistlich selbst aufzubauen. Wann immer wir in Sprachen beten, bewirkt es Ruhe in unserem Inneren, wir bauen uns in unserem allerheiligsten Glauben auf und halten die Liebe Gottes in unseren Herzen lebendig und aktiv. Während wir verborgene Weisheit aussprechen und an deren Auslegung glauben, wird sich uns Offenbarungserkenntnis öffnen; uns werden Antworten zur Verfügung gestellt, die wir auf keine andere Weise hätten erhalten können. Aus diesem Grund bekämpft der Teufel diese Gabe auch so heftig! Er hat Angst vor dem, was passieren könnte, wenn das Sprachengebet jemals Teil unseres täglichen Lebens als Christ wird.

Der Heilige Geist inspiriert die Worte, aber wir selbst müssen sie aussprechen. *»Und sie wurden alle vom Heiligen Geist erfüllt und fingen an, in anderen Sprachen zu reden, wie der Geist es ihnen auszusprechen gab«* (Apg 2,4). Beachte – es war der Geist, der ihnen gab auszusprechen. Es ist nicht so, als würde der Heilige Geist uns lediglich als Sprachrohr benutzen. Er stupst uns an und gibt uns ein Verlangen, aber das Reden müssen wir selbst übernehmen.

Auf ähnliche Weise funktioniert die Gabe der Lehre. Wenn ich vor einer Menschengruppe stehen und beten würde: »Gott, bitte sprich durch mich, aber lass mich nichts sagen, was nicht von dir kommt«, und dann darauf wartete, dass er mich zum Sprechen zwingt, würde ich nie etwas sagen! Es ist meine Verantwortung, einen Schritt im Glauben zu machen und einfach damit anzufangen. Gott inspiriert die Botschaften, doch sie werden durch meine Persönlichkeit, meine Ausdrucksweise und meine Eigenarten überbracht. Gott hat keinen texanischen Akzent – ich schon! Der Heilige Geist stellt mir den Inhalt zur Verfügung und ich überbringe ihn!

Angst setzt deine Fähigkeit, in Sprachen zu reden, außer Kraft. Wenn du dir zu viele Gedanken darüber machst und das, was du sagst, zu analysieren versuchst, wirst du anfangs wahrscheinlich Schwierigkeiten mit dem Sprechen haben. Zwar wird der Heilige Geist dich inspirieren, aber deine Angst wird dein Sprachengebet blockieren. Überlass dem Heiligen Geist deine Zunge und sprich dann im Glauben die Worte aus, die er dir gibt.

Durchbruch!

Mir selbst fiel es monatelang schwer, in Sprachen zu reden. Ich hatte Schwierigkeiten, meine Gebetssprache zu empfangen, obwohl ich davon überzeugt war, dass sie von Gott kam und ich sie wirklich haben wollte.

Schließlich kam jemand bei mir zu Hause vorbei, um mir bei diesem Problem zu helfen. Er fragte mich: »Wenn du etwas wiederholtest, das ich auf Spanisch sagte, würdest du dann Worte in Spanisch sprechen?« Ich nickte. Er fuhr fort: »Und wenn ich etwas in Zungensprache sagte, würdest du dann beim Wiederholen ebenfalls in Zungen reden?«

»Ja«, erwiderte ich, »aber ich will nicht einfach etwas wiederholen, sondern selber in Sprachen reden können!« Mein Gegenüber ließ nicht locker und schließlich gab ich nach. Doch schon nach den ersten Worten hielt ich inne und meinte verlegen: »Ich bin einfach nicht gut darin, deine Worte zu wiederholen!«

Er wandte ein: »Stimmt, aber du hast in Zungen gesprochen. Das war auf alle Fälle nicht deine Muttersprache!«

Jetzt war für mich eine Grenze erreicht und ich entgegnete: »Das kann ich nicht akzeptieren. Ich habe nicht in Zungen gesprochen!« Frustriert zuckte der Mann die Schultern und verließ mein Haus.

Gleich darauf machte ich mich auf den Weg, um für jemanden zu beten. Verzweifelt rief ich aus: »Gott, ich werde jetzt einfach damit anfangen, in Zungen zu sprechen, und ich glaube, dass du mir dabei helfen wirst.« Dann begann ich, mir unsinnige Wörter auszudenken und sie laut auszusprechen. Das Ganze kam mir aber so albern vor, dass ich mich dabei überhaupt nicht wohlfühlte. Doch zwei Wörter hatten sich meiner Meinung nach ganz anständig angehört. Sie schienen für mich zu einer richtigen Sprache zu gehören und so schloss ich daraus, dass das Zungensprache sein musste. Also sprach ich diese zwei Wörter immer und immer wieder aus, bis ich an meinem Bestimmungsort angekommen war.

Und dann erlebte ich die beste Zeit, die ich in meinem Dienst bis dahin gehabt hatte. Das konnte nur an meinem Sprachengebet gelegen haben. Auf dem Nachhauseweg pries ich Gott und entschloss mich, noch weiter mit diesen zwei Wörtern zu beten. Doch plötzlich konnte ich mich nicht mehr an sie erinnern und Panik überkam mich. Ich hatte so lange darum gekämpft, in Zungen zu beten, und nun hatte ich die beiden einzigen Wörter, die ich empfangen hatte, einfach vergessen!

Dann dachte ich: *Ich werde schon zwei neue bekommen!* So wiederholte ich die ganze Prozedur, bis zwei andere Wörter kamen. Nachdem ich sie eine Weile benutzt hatte, fügte ich noch weitere hinzu. Und nur wenig später sprach ich fließend in Zungen!

Rückblickend weiß ich, dass ich von Anfang an in Sprachen hätte reden können. Aber ich lebte in der falschen Vorstellung, der Heilige Geist würde mit solcher Kraft auf mich kommen, dass ich einfach nicht anders könnte und das Zungengebet nur so aus mir herausbrechen würde. Als das jedoch nie geschah, fand ich heraus, dass der Heilige Geist nicht auf diese Weise handelt. Er wartete einfach nur darauf, dass ich im Glauben die Worte aussprach, zu denen er mich sanft inspirierte.

Jetzt bist du dran! Mach es genauso!

Lass uns zusammen beten!

Du musst nichts weiter tun, als zu bitten, zu glauben und zu empfangen!

Denn jeder, der bittet, empfängt; und wer sucht, der findet; und wer anklopft, dem wird aufgetan. ... wie viel mehr wird der Vater im Himmel [den] Heiligen Geist denen geben, die ihn bitten! — Lukas 11,10.13

Vater, bitte taufe mich mit dem Heiligen Geist, fülle mich mit deiner übernatürlichen Kraft. Im Glauben empfange ich gerade jetzt! Danke, dass du mich jetzt taufst! Heiliger Geist, du bist willkommen in meinem Leben!
Vater, ich bin dir so dankbar dafür, dass du mir dieses wundervolle Geschenk gegeben hast. Hilf mir bitte, alle Segnungen in Anspruch zu nehmen, die dazugehören!
Vater, ich danke dir, dass ich durch das Sprachengebet die Kraft nutzen kann, die du in mich hineingelegt hast, um Ruhe und Erfrischung zu erfahren und mich in meinem

Glauben aufzubauen. Ich danke dir, dass ich mich durch diese übernatürliche Sprache in deiner Liebe erhalten und durch die Auslegung der Sprachen Offenbarungserkenntnis empfangen kann.
Herr, ich glaube! Dein Wort sagt: »Diese Zeichen aber werden die begleiten, die gläubig geworden sind: In meinem Namen werden sie Dämonen austreiben, sie werden in neuen Sprachen reden« (Mk 16,17). Ich werde im Glauben von heute an in neuen Sprachen reden. In Jesu Namen, Amen!

Der Vater ist stolz auf dich!

Sprich nun laut im Glauben die Worte aus, die tief aus deinem Inneren kommen. Du wirst in einer Sprache sprechen, die dir unbekannt ist. Du bist es, der spricht, aber der Heilige Geist ist derjenige, der dich dazu inspiriert!

Hör nicht auf, mach weiter – übe eine Zeit lang! Genieße den Herrn einfach!

Falls du nicht sofort fließend in Sprachen redest, mach dir keine Gedanken darüber – Gott ist stolz auf dich! Wenn kleine Kinder zu sprechen beginnen, wissen ihre Eltern, was sie zu sagen versuchen, und obwohl es Kleinkindgebrabbel ist, freuen sie sich darüber. Dein himmlischer Vater ist stolz auf dich, auch wenn dein Sprachengebet noch nicht fließend ist. Wenn du es einfach weiterbenutzt und dir nicht so viele Gedanken darüber machst, wird es bald ungehindert aus dir herausfließen!

Als dein Glaubensbruder heiße ich dich in deinem neuen, mit dem Heiligen Geist erfüllten Leben willkommen!

ÜBER DEN AUTOR

Als **Andrew Wommack** am 23. März 1968 der übernatürlichen Liebe Gottes begegnete, wurde sein Leben für immer verändert. Seit vielen Jahrzehnten bereist Andrew Amerika und die Welt und lehrt die Wahrheit des Evangeliums. Seine tiefe Offenbarung von Gottes Wort vermittelt er mit Klarheit und Schlichtheit. Dabei legt er seinen Schwerpunkt auf Gottes bedingungslose Liebe und das Gleichgewicht zwischen Gnade und Glauben. Mit seinem Programm auf *GospelTruth.TV* erreicht er fast die Hälfte der Weltbevölkerung. 1994 gründete er das *Charis Bible College* (Charis) und hat seither Charis-Standorte in verschiedenen Großstädten Amerikas und weltweit eröffnet. Andrew hat eine Fülle an Lehrmaterial in gedruckter Form und im Audio- und Videoformat veröffentlicht, von dem das meiste kostenlos von seiner Website abgerufen werden kann.

Du kannst das AWM-Team per Brief, Mail
oder Telefon kontaktieren:

Andrew Wommack Ministries gGmbH
Postfach 56 03 02, 60407 Frankfurt am Main, Deutschland
info@andrewwommack.de | +49 69 64357850
Gebets-Hotline: +49 69 643578578
www.andrewwommack.de

Gospel Truth

mit Andrew Wommack

Veränderte **Herzen**

Erneuertes **Denken**

Verändertes **Leben**

Zeugnisse kommen von Menschen aus aller Welt, die sich in das Wort Gottes vertieft haben.

Sieh Andrew Wommack in der täglichen *Gospel Truth* Fernsehsendung. Du findest die lokalen Sendezeiten und kannst die Sendungen online unter andrewwommack.de/video oder awmi.net/video anschauen.

CHARIS®
BIBLE COLLEGE
Verändere dein Leben.
Verändere die Welt.
Erfahre mehr über das Charis Bible College unter charisbiblecollege.de oder schreib uns eine E-Mail an info@charisbiblecollege.de oder ruf uns an unter +49 69 643 578 540.
Das Charis Bible College hat Standorte in den Vereinigten Staaten und rund um den Globus. Um den Campus in deiner Nähe zu finden, besuche CharisBibleCollege.org/campus-locations

Du hast schon alles, was du brauchst!

Wie so viele andere hast du bestimmt schon einmal gedacht: *Ich tue doch alles, was ich kann, um den Sieg zu erleben – warum nur klappt es nicht?* Doch Gottes Antwort basiert nicht auf dem, was du tust, sondern auf dem, was Jesus getan hat! Erkenne diese Wahrheit – und werde frei!

264 Seiten, Paperback, ISBN 978-3-95933-220-0
Auch als E-Book erhältlich.

Die Vollmacht des Gläubigen

Die Vollmacht des Gläubigen in Christus wird heute kontrovers diskutiert. Andrew beleuchtet diese geistliche Wahrheit aus einer Perspektive, die all das, was du bisher erlernt hast, in ein ganz neues Licht rücken wird. Entdecke wahre geistliche Vollmacht, die zu echten Resultaten führt!

288 Seiten, Paperback, ISBN 978-3-95933-236-1
Auch als E-Book erhältlich.

www.gracetoday.de

Die Macht deiner Vorstellungskraft

Oft beten Gläubige ohne sichtbaren Erfolg. Das liegt daran, dass ihnen die Macht ihrer Vorstellungskraft nicht bewusst ist! Lass dir von Gott ein Bild deiner Zukunft vor dein geistiges Auge malen. Dann kann dich nichts aus der Bahn werfen und du siehst dich immer auf der Gewinnerseite!

159 Seiten, Paperback, ISBN 978-3-95933-216-3
Auch als E-Book erhältlich.

Ein verhärtetes Herz

Ein verhärtetes Herz verhindert, dass wir die Stimme des Herrn hören und uns in unserem Alltag von ihm leiten lassen. Der Zustand unseres Herzens hängt davon ab, worauf unsere Aufmerksamkeit gerichtet ist. Verschaffe dir Klarheit, wie Glaube und Unglaube sich zueinander verhalten.

102 Seiten, Paperback, ISBN 978-3-95933-230-9
Auch als E-Book erhältlich.

www.gracetoday.de

Weitere Bücher von
Andrew Wommack:

Erfahre, wie man von Gott erfüllt bleibt

Leben in Gottes Fülle

Die Vollmacht des Gläubigen

10 Gründe für ein Leben mit dem Heiligen Geist

Heilung: Gottes Wille für dich

Ein besserer Weg zu beten

Wie man auf dem Wasser geht

Begrenze Gott nicht

Mehr Gnade, größere Gunst